KB053729

독 해 의 중 요 성

독해의 정의

글을 읽어 이해하는 것을 '독해'라고 합니다. 문자 언어로 되어 있는 정보를 읽고 이해하는 능력 없이는 어떤 학습도 제대로 해낼 수 없습니다. 독해는 모든 학습의 기초입니다.

독해의 과정

글의 내용을 이해하는 데에 그치지 않고 스스로 비판하며 읽는 능력을 키웁니다. 본 교재는 글을 읽고 내용을 파악하는 '사실적 읽기'에서, 이해한 내용으로 자신의 생각을 정립하는 '비판적 읽기'로 나아갑니다.

독해의 방법

초등학생 때에는 여러 장르의 글을 읽어 배경지식과 글 읽는 방법을 습득하는 것이 좋습니다. 본 교재는 설명하는 글, 생각을 나타내는 글, 인물 이야기, 시, 동화와 같이 다양한 글을 정확하게 이해하는 데에 중점을 두었습니다. 구체적으로는, 핵심어와 주제 찾기, 내용 파악, 요약하기 등이 있습니다. 이렇게 파악한 내용을 바탕으로, 앞뒤 내용을 살펴 추론하기, 감상, 적용 등 다양한 문제를 풀어 나갈 수 있습니다.

초등 국어
독해력 비타민의 특징

학습 단계를 학습자 수준에 맞게 선택할 수 있습니다.

본 교재는 모두 여섯 단계로 구성되었습니다. 각 학년의 교육 과정과 연계하여 만들었으므로 자신의 학년에 맞는 단계를 선택하는 것을 권장합니다. 그러나 어린이 학습 능력에 따라 단계를 달리 선택할 수 있습니다.

다양한 장르와 폭넓은 소재에 대한 적응력을 기릅니다.

종합적인 독해 능력 향상을 위해 문학과 비문학의 글을 고루 실었고, 그 내용도 문화, 정치, 역사, 예술, 사회, 경제, 과학, 인물 등 다양합니다.

독해 방법을 쉽게 배울 수 있습니다.

핵심어 찾기, 주제 파악하기, 제목 짓기, 글 구조 이해하기 등 다양한 문제를 풀면서 독해 능력을 기를 수 있습니다.

자기 주도 학습을 할 수 있습니다.

매회 틀린 문제를 확인할 수 있도록 '자기 주도 학습 점검표'를 만들어 두었습니다. 어린이 스스로 본인의 부족한 면을 점검할 수 있습니다.

능동적인 글 읽기를 할 수 있습니다.

독해의 목표는, 글쓴이가 무슨 의도로 글을 썼는지 이해하는 것에서 출발하여, 자신의 생각을 바로 세우거나 상상의 날개를 펼치는 것까지입니다. 본 교재는 이 모든 측면을 고려하여 만들었습니다.

배경지식을 넓힐 수 있습니다.

글에 대한 이해력뿐 아니라 풍부한 지식이 있어야 독해를 잘할 수 있습니다. 본 교재는 다양한 주제의 글을 실어 글의 이해와 함께 글과 관련한 여러 지식을 쌓을 수 있도록 돕습니다.

지도 방법

본 교재는 기본적으로 어린이가 스스로 공부할 수 있도록 구성하였습니다.
그러나 부모님이나 교사가 지도하신다면 다음을 참고하세요.

1. 글의 종류 및 난이도에 따라 제시문을 배치했습니다.
집중적인 학습을 원한다면 한 장르를 모두 끝내고 다음 장르로 넘어가세요.
다양한 글에 대한 적응력을 키우고자 한다면 순서에 상관없이 여러 장르를
번갈아 학습해도 좋습니다.

2. 출제 의도에 따른 [자기 주도 점검표]가 있습니다.
점검표에서 틀린 항목을 골라 그 출제 의도가 무엇인지 설명해 주세요.

출제 의도

문제마다 출제 의도를 밝혀 이해를 돕고 있습니다.
제시문의 특성에 맞게 문제 유형을 달리하여 독해의 방향을 제시하였습니다.
즉각적인 피드백을 통해 학생의 강점과 약점을 파악하여
독해 전략을 세우는 데에 길잡이가 됩니다.

다음은 본 교재에 나오는 [출제 의도]에 따른 문제 유형의 예입니다.

핵심어	글에서 가장 중요한 낱말.	**어휘**	글에 나온 낱말 뜻.
제목	글 전체를 대표하는 이름.	**인물**	등장인물에 대한 이해.
주제	글의 중심 생각.	**배경**	글의 바탕인 시간과 장소.
요약	글의 주요 내용을 정리.	**구조**	글의 짜임.
줄거리	글의 내용을 순서대로 정리.	**표현**	비유와 상징의 이해.
적용	글의 내용을 다른 상황에 대입.	**추론**	글의 내용을 바탕으로 그 안에 숨은 뜻을 추측.
감상	글의 심도 있는 이해와 평가.		

초등 국어 독해력 비타민의 구성

회차

제시문 순서에 따라 회차 번호만 있을 뿐 글의 종류나 제목을 표시하지 않았습니다.
학습자의 상상력을 자극하여 적극적으로 읽는 습관을 기르기 위함입니다.

1회

틀린 문제 유형에 표시하세요.

☐ 인물 ☐ 어휘 ☐ 내용 파악

여우가 길을 급히 달려가다가 발을 잘못 디뎌 그만 우물에 빠졌습니다. 우물이 깊지는 않았지만 혼자서 빠져나올 수는 없었습니다. 그때 마침 염소 한 마리가 옆을 지나다가 우물을 들여다보았습니다. 염소는 몹시 목이 말랐습니다. 그래서 우물 속에 빠진 여우에게 물었습니다.

"여우야, 물맛이 어때?"

"기가 막히게 좋아. 너도 어서 내려와 마셔 봐."

여우는 마침 잘됐다고 생각하며 거짓말을 했습니다. 염소는 ㉠ 여우의 말을 곧이듣고 우물 속으로 뛰어내렸습니다. 물을 실컷 마신 염소는 여우와 마찬가지로 혼자서는 올라갈 수가 없었습니다.

"이걸 어쩌지, 올라갈 수가 없잖아."

"염소야, 걱정할 것 없어. 네 앞발을 우물 벽에 대고 뿔을 위로 세워 봐. 그럼 내가 먼저 네 등을 밟고 올라가서 내 꼬리를 내려줄게. 너는 그것을 물고 올라오면 돼."

염소는 여우가 시키는 대로 했습니다. 여우는 염소의 등과 뿔을 밟고 우물 밖으로 쉽게 빠져나갔습니다.

"여우야, 나도 빨리 올려줘."

"바보 같은 소리 그만해. 너는 무거워서 내가 끌어올릴 수 없어."

염소는 기가 막혀서 큰 소리로 말했습니다.

"그런 법이 어디 있어? 약속은 지켜야 할 거 아냐?"

그러나 여우는 고개를 돌린 채 걸어가며 말했습니다.

"㉡ 염소야, 네 턱에 난 수염만큼이라도 꾀가 있었다면, 다시 나올 방법을 살펴본 다음에 우물에 뛰어들었을 거야!"

(이솝 우화)

제시문

다양한 장르와 폭넓은 소재로 구성하였습니다.

1 이 글에 등장하는 인물을 모두 쓰세요. | 인물 |

_____.

2 밑줄 친 ㉠은 어떤 뜻으로 쓰였나요? | 어휘 |

① 여우가 하는 말을 따라 하며.

② 여우가 하는 말을 의심하며.

③ 여우가 하는 말을 꼼꼼하게 따져 보고.

④ 여우가 하는 말을 그대로 믿고.

⑤ 여우의 말이 거짓말인 줄 알면서도.

출제 의도

문제마다 출제 의도를 표시하였습니다.
크게 사실적 읽기와 비판적 읽기로
구성하였습니다.

3 다음 문장을 읽고, 맞는 것에 O, 틀린 것에는 X 하세요. | 내용 파악 |

① 여우는 염소를 골탕 먹이려고 일부러 우물에 뛰어들었다.   (   )

② 우물이 깊지 않아 여우는 혼자서 빠져나왔다.   (   )

③ 염소는 여우에게 속아 우물에 뛰어들었다.   (   )

④ 여우는 염소를 밟고 우물에서 빠져나왔다.   (   )

⑤ 여우는 우물 밖에서 염소를 끌어 올려 주었다.   (   )

배경지식

제시문을 이해하는 데 도움이 되는
지식. 제시문을 바탕으로 더 알아야
할 내용을 실었습니다.

'이솝'은 그리스의 작가입니다.

'우화'란 동물이나 식물이 주인공으로 등장하는 이야기입니다.

'이솝 우화'는 '이솝'이 쓴 '우화'를 말합니다.

비문학

문학

초등 국어 독해력 비타민과

함께 시작하는

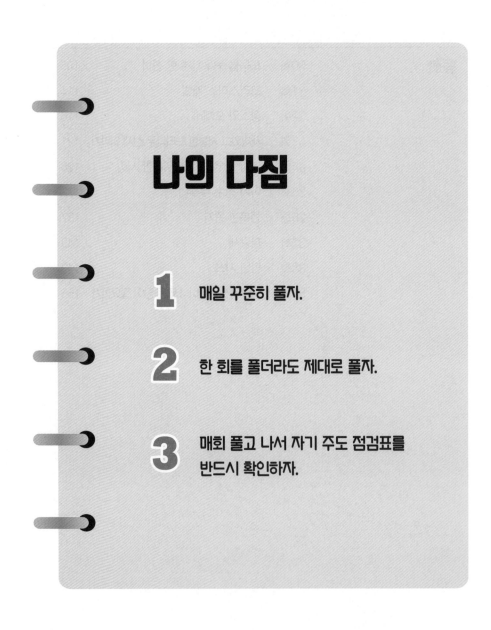

나의 다짐

1 매일 꾸준히 풀자.

2 한 회를 풀더라도 제대로 풀자.

3 매회 풀고 나서 자기 주도 점검표를 반드시 확인하자.

완전개정판

초등국어
4단계

독해력은 모든 학습의 기초!

독해력 비타민

눈, 귀, 코, 입 그리고 피부처럼 외부의 자극을 받아들여 느끼는 부분을 감각 기관이라고 한다. 그 가운데 맛을 느끼는 감각 기관은 입이다.

맛은 '미뢰'라는 곳에서 받아들인다. 미뢰는 우리말로 '맛봉오리'라고 하는데, 꽃봉오리를 닮아서 붙은 이름이다. 미뢰는 입 전체에 고루 퍼져 있다. 혀, 입천장, 볼 안쪽, 심지어 목구멍에도 있다. 하지만 대부분은 혀의 '유두'라는 곳에 있다.

잘 살펴보면, 혀의 표면이 매끈하지 않은 것을 알 수 있다. 혓바닥에 오돌토돌 작은 돌기가 솟아 있는데 그것이 유두다. 수많은 유두가 모여서 혀의 표면을 이루고 있으며, 유두 안쪽에 미뢰가 있다.

미뢰는 꽃봉오리 모양으로 둥글게 생겼으며 그 속에는 여러 개의 세포가 들어 있다. 미뢰의 꼭대기에 작은 구멍이 있는데 그것을 미공이라고 한다. 미공으로 들어온 음식물이 미뢰 안에 있는 미세포를 자극하고, 미세포는 그 자극을 미각 신경으로 전달한다. 그러면 맛에 대한 정보가 신경을 통해 뇌로 전달된다. 이렇게 해서 우리는 '짜다', '달다' 하는 맛을 느낀다.

그런데 입안에 세균이나 곰팡이가 생기면 미세포가 제대로 맛을 느끼지 못한다. 미세포가 음식 맛을 잘 느끼게 하려면 우선 입안이 깨끗해야 한다. 또 입안이 너무 말라 있어도 맛을 잘 느끼기 힘들다. 입안이 적당히 축축해야 맛을 잘 느낄 수 있다.

1 이 글에서 가장 중요한 낱말은 무엇인가요? | 핵심어 |

① 감각　　　　　　② 혀　　　　　　③ 유두

④ 미뢰　　　　　　⑤ 미세포

2 그림을 보고 질문에 알맞은 답을 쓰세요. ㅣ**내용 파악**ㅣ

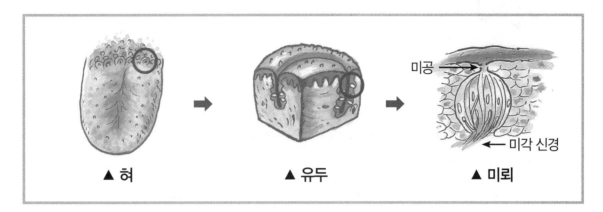

▲ 혀   ▲ 유두   ▲ 미뢰

(1) 혓바닥에 고루 퍼져 있는 작은 돌기.

_____

(2) 맛을 받아들이는 곳. '맛봉오리'라고도 한다.

_____

(3) 다음은 우리가 맛을 느끼는 과정입니다. 빈칸에 알맞은 낱말을 쓰세요.

음식물 ➡ 혀 ➡ 유두 ➡ (   ) ➡ 미세포 ➡ (   ) ➡ 뇌

3 뜻이 통하도록 빈칸에 알맞은 낱말을 넣어 다음 글을 완성하세요. ㅣ**적용**ㅣ

음식 맛을 잘 느끼려면 이를 닦을 때, ☐ 도 함께 닦는 것이 좋다. 또 입안이

마르지 않도록 ☐ 을 자주 마시는 것도 도움이 된다.

4 감각 기관과 그곳에서 느낄 수 있는 대표 감각입니다. 잘못 짝지은 것을 찾으세요. ㅣ**배경지식**ㅣ

① 눈 – 시각   ② 귀 – 청각   ③ 코 – 통각

④ 입 – 미각   ⑤ 피부 – 촉각

'함흥차사'는 조선을 세운 태조 이성계와 그의 다섯째 아들 태종 이방원 사이의 다툼에서 비롯한 말이다.

태조가 조선을 세울 때, 다섯째 아들 방원은 큰 공을 세웠다. 그래서 방원은 마음속으로 왕의 자리에 오를 꿈을 품고 있었다. 그런데 태조는 방원이 아닌, 막내아들 방석을 세자로 삼았다.

"나라에 큰 공을 세운 것은 나 방원인데, 아직 나이도 어린 방석을 세자로 삼다니. 참을 수 없다."

방원은 태조의 결정에 불만을 품고 반란을 일으켜, 태조가 책봉한 세자를 죽였다. 그 후, 이성계는 왕위를 방원의 형 방과(정종)에게 물려주었다. 그리고 2년 뒤, 방원은 방과에게서 왕의 자리를 빼앗아 조선의 세 번째 임금 태종이 되었다. 이 모습을 지켜 본 이성계는 조선의 수도였던 한양을 떠나 함흥으로 가서 소식을 끊고 살았다. 자기 뜻을 거역하고 방원이 왕이 되었기 때문이었다. 몹시 화가 난 이성계의 노여움을 풀기 위해 방원은 함흥으로 차사를 보냈다.

"반드시 아바마마를 한양으로 모시고 와야 한다."

태종의 명령을 받은 사신들은 이성계의 마음을 돌리기 위해 함흥으로 떠났다. 그런데 방원에게 화가 단단히 난 이성계는 차사들이 함흥에 올 때마다 그들을 죽이거나 가두었다. 그래서 한번 함흥으로 떠난 차사는 다시 돌아오지 않았다.

이때부터 연락 없이 약속 시간에 늦거나 심부름을 가서 돌아오지 않는 사람을 '함흥차사'라고 불렀다.

* 반란: 정부나 지도자 등에 반대하여 일으키는 싸움.
* 차사: 조선 시대에, 중요한 임무를 위하여 왕이 보내는 신하.
* 사신: 국가나 임금이 명령을 내려서 보내는 신하.

1 빈칸에 알맞은 낱말을 넣어 이 글의 제목을 만들어 보세요. ❙제목❙

의 유래

2 낱말의 뜻풀이가 잘못된 것을 찾으세요. ❙어휘❙

① 세자: 임금의 자리를 이을 임금의 아들.

② 책봉: 죄를 지은 사람의 벼슬을 빼앗고 내쫓는 일.

③ 왕위: 임금의 자리.

④ 거역: 윗사람의 뜻이나 지시를 따르지 않고 거스르는 것.

⑤ 노여움: 분하여 화가 솟아오르는 감정.

3 태조 이성계가 함흥으로 떠난 까닭은 무엇인가요? ❙내용 파악❙

① 자신의 고향이 그리워서.

② 함흥이 한양보다 더 살기 좋아서.

③ 이방원이 이성계를 함흥으로 쫓아내서.

④ 함흥에서 새로운 나라를 만들려고 계획해서.

⑤ 자기 뜻을 거스르고 왕이 된 방원에게 화가 나서.

4 '함흥차사'를 가장 알맞게 사용한 사람을 찾으세요. ❙적용❙

① 호준: 심부름을 보낸 게 언제인데 아직 함흥차사냐?

② 수지: 무슨 일이든 척척 해내는 민지는 완벽한 함흥차사야.

③ 현규: 우리 선생님은 너무 무서워서 함흥차사라는 별명이 붙었어.

④ 지연: 내가 물어보면 무엇이든 잘 알려 주는 경진이는 정말 함흥차사야.

⑤ 준영: 오랫동안 꾸준히 일해서 성공한 우리 아버지는 함흥차사 같은 분이셔.

동물은 감정의 변화나 주변의 색깔과 온도에 따라 몸의 빛깔을 바꾸기도 한다. 카멜레온이나 문어 같은 동물이 그 예다. 그렇다면 식물도 빛깔을 바꿀 수 있을까? 식물은 자신의 색을 쉽게 바꾸지는 못하지만, 날씨가 변하면 잎이나 줄기의 색이 바뀌기도 한다.

식물은 햇빛이 있는 동안 필요한 영양분을 스스로 만들어 낸다. 잎 앞면으로 햇빛을, 뒷면에 있는 기공으로는 이산화탄소를, 뿌리로는 땅속의 물을 흡수한다. 이렇게 받아들인 햇빛, 이산화탄소, 물을 이용하여 살아가는 데에 필요한 에너지를 만든다. 이런 활동을 광합성이라고 한다. 이 과정에서 발생하는 산소는 기공을 통해 공기 중으로 내보낸다.

광합성은 엽록체라는 작은 기관에서 일어난다. 엽록체에는 엽록소라는 녹색 색소가 들어 있다. 보통 나뭇잎이 초록색을 띠는 까닭이 바로 이 엽록소 때문이다.

공기가 건조해지고 날씨가 추워지면 엽록소가 파괴된다. 그러면 나뭇잎 속에 숨어 있던 다른 색소들이 나타나게 된다. 빨간색과 자주색은 안토시안, 주황색은 카로틴, 노란색은 크산토필이라는 색소 때문에 생긴다. 이렇게 식물의 잎이 빨갛게, 노랗게 물드는 것을 우리는 '단풍'이라고 한다.

단풍은 낮과 밤의 기온차가 10도 이상 크게 나고, 비가 적게 내리는 맑은 날씨에 더 분명하게 드러난다. 북쪽 지역부터 단풍이 들기 시작하여 서서히 남쪽으로 내려온다.

우리가 가장 많이 보는 단풍은 갈색이다. 갈색으로 빛깔이 변하는 나무에는 느티나무, 플라타너스, 참나무, 벚나무 등이 있다. 그 밖에 은행나무와 미루나무는 노란색으로, 단풍나무와 철쭉은 빨간색으로 물이 든다.

* 기공: 식물의 잎이나 줄기 겉껍질에 있는 작은 구멍. 수증기를 내뿜거나, 호흡과 광합성을 하는 데에 이용한다.

1 이 글에서 가장 중요한 낱말을 찾으세요. | 핵심어 |

① 식물　　　　　② 이산화탄소　　　　　③ 햇빛
④ 엽록체　　　　　⑤ 단풍

2 빈칸에 알맞은 낱말을 넣어 광합성에 대한 설명을 완성하세요. | 내용 파악 |

	광합성
대상	식물
시간	☐☐ 이 있는 동안.
사용 기관	☐☐☐
방법	햇빛, ☐☐☐☐ , 물을 이용해 영양분을 만든다.

3 이 글의 내용과 <u>다른</u> 것을 찾으세요. | 내용 파악 |

① 날씨가 너무 더워지면 단풍이 든다.
② 식물은 광합성을 통해 영양분을 스스로 만든다.
③ 나뭇잎이 초록색을 띠는 것은 엽록소 때문이다.
④ 스스로 몸의 빛깔을 바꿀 수 있는 동물이 있다.
⑤ 은행나무와 미루나무는 노란색으로 단풍이 든다.

4 이 글을 통해 알 수 <u>없는</u> 사실은 무엇인가요? ㅣ내용 파악ㅣ

① 나뭇잎이 초록색인 까닭.

② 엽록소가 파괴되는 까닭.

③ 단풍의 빛깔이 다양한 까닭.

④ 계절에 따라 날씨가 변하는 까닭.

⑤ 갈색으로 단풍이 드는 나무의 종류.

5 광합성에 필요한 물질을 받아들이는 내용입니다. 빈칸을 채우세요. ㅣ내용 파악ㅣ

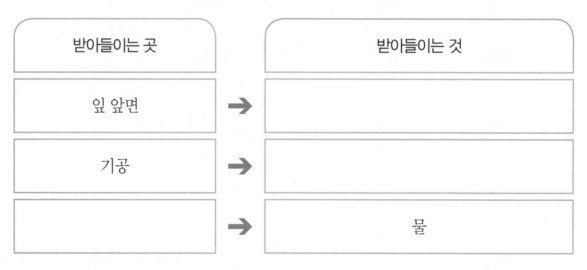

받아들이는 곳		받아들이는 것
잎 앞면	→	
기공	→	
	→	물

6 우리나라에서 단풍은 주로 어느 계절에 나타나나요? ㅣ배경지식ㅣ

_____

7 날씨가 추워져도 단풍이 들지 않고 잎이 푸른 나무를 무엇이라고 하나요? ㅣ배경지식ㅣ

① 상록수　　　　② 침엽수　　　　③ 활엽수

④ 가로수　　　　⑤ 과수

2월 14일은 밸런타인데이다. 사랑하는 사람에게 선물을 주며 고백하는 날이다. 그렇다면 밸런타인데이는 언제, 어떻게 생겨났을까?

3세기 무렵, 로마 황제는 군사들의 결혼을 금지했다. 군사들이 전쟁터에 나가 용감하게 싸우려면 가족이 없어야 한다고 생각했기 때문이다. 그러나 성직자 발렌티누스는 젊은이들의 사랑과 결혼을 막아서는 안 된다고 생각했다. 그래서 황제의 명령을 어기고, 결혼하는 남녀를 몰래 도왔다. 이 사실을 알게 된 황제는 발렌티누스를 사형에 처했다. 발렌티누스가 처형된 날이 바로 2월 14일이다. 이후 이날을 발렌티누스를 기리기 위한 기념일로 만들었고, 세계 각국에서는 이날 사랑의 메시지를 주고받는 문화가 생기게 되었다.

밸런타인데이에 사랑을 전하는 방법도 나라마다 다르다. 덴마크에서는 사랑하는 사람에게 스노드롭이라는 흰 꽃을 선물한다. 이와 함께 남성은 좋아하는 여성에게 자작시를 전한다. 폴란드에서는 남성이 좋아하는 여성에게 물을 뿌린다. 물의 양이 많을수록 더 많이 좋아한다는 뜻이다. 독일에서는 숲에서 작은 나무를 뽑아 사랑하는 사람의 집에 심는다.

밸런타인데이를 금지하는 나라도 있다. 이란, 사우디아라비아 등 몇몇 이슬람 국가에서는 종교가 다르다는 이유로 밸런타인데이를 금지한다. 실제로 사우디아라비아에서는 밸런타인데이를 즐기던 젊은이들에게 벌을 준 사례가 있다. 러시아의 일부 지역에서도 젊은이들에게 도움이 되지 않고 기업의 이익만 추구하게 한다는 이유로 금지하고 있다.

밸런타인데이에 초콜릿을 주는 풍습은 19세기 영국에서 시작됐다. 하지만 본격적으로 전파된 것은 일본의 한 과자 회사에서 만든 광고 때문이다. "밸런타인데이에 사랑하는 남자에게 초콜릿을 주며 고백하면 사랑이 이루어진다"라는 광고로 인해 초콜릿을 주는 풍습이 퍼지기 시작했다. 그리고 그런 일본의 밸런타인데이 문화가 우리나라까지 건너왔다.

1 이 글에서 가장 중요한 낱말은 무엇인가요? |핵심어|

① 발렌티누스   ② 로마   ③ 밸런타인데이

④ 초콜릿   ⑤ 결혼

2 다음 중 뜻풀이가 <u>잘못된</u> 낱말을 고르세요. |어휘|

① 성직자: 신부, 목사, 스님 등 종교적 직업을 가진 사람.

② 처형: 목숨을 끊는 형벌.

③ 기리기: 훌륭한 점을 높이 평가하며 기억하기.

④ 자작시: 다른 사람이 쓴 시.

⑤ 전파: 널리 퍼뜨림.

3 이 글의 내용과 같은 것을 고르세요. |내용 파악|

① 로마 황제는 군사들의 결혼을 허락했다.

② 발렌티누스는 젊은 남녀가 결혼하는 것을 막았다.

③ 사우디아라비아에서는 밸런타인데이를 금지하고 있다.

④ 밸런타인데이에 초콜릿을 주는 풍습은 일본에서 시작됐다.

⑤ 영국의 과자 회사에서 만든 광고로 인해 밸런타인데이에 초콜릿을 주는 풍습이 생겼다.

4 이 글을 통해 알 수 <u>없는</u> 내용은 무엇인가요? |내용 파악|

① 밸런타인데이란 무엇인가.   ② 밸런타인데이는 어떻게 시작되었는가.

③ 밸런타인데이에 무엇을 하는가.   ④ 밸런타인데이를 어떻게 보내야 옳은가.

⑤ 밸런타인데이에 초콜릿을 주게 된 풍습은 언제부터 생겼는가.

5 이 글을 읽고 생각을 말한 사람 가운데 의견이 <u>다른</u> 한 명을 찾으세요. |적용|

① 혜민: 우리나라도 우리만의 방법으로 사랑을 전하면 좋겠어.

② 수혁: 사랑하는 사람이 생기면 밸런타인데이에 초콜릿을 줄 거야.

③ 은우: 남의 것을 좇지 말고 우리나라에 맞는 기념일을 만들면 좋겠어.

④ 주영: 사랑하는 사람에게 한과를 주는 등 우리의 문화를 살리면 좋겠어.

⑤ 정연: 사랑하는 사람들끼리 선물을 주고받는 날을 우리의 칠석날로 하면 어떨까?

6 아래에서 설명하는 기념일의 날짜를 쓰세요. |추론|

농민에게 감사하고 우리 농산물의 소중함을 되새기는 날로, '농업인의 날'이라고 한다. 이날의 숫자가 긴 막대 모양의 가래떡 4개를 세워놓은 것과 비슷해서 '가래떡데이'라고도 부른다.

[ ] 월 [ ] 일

7 다음 글에서 설명하고 있는 사람은 누구인가요? |배경지식|

2월 14일은 독립운동가인 이 사람이 사형 선고를 받은 날이다. 그래서 2월 14일을 밸런타인데이가 아닌, 이 사람을 추모하는 날로 삼자는 목소리가 커지고 있다. 이 사람은 중국 하얼빈 역에서, 우리나라 침략에 앞장선 이토 히로부미를 총으로 쏘았다. 그 죄로 교도소에 갇혔고, 이후 다섯 달 만에 처형되었다.

① 유관순　　　　② 김구　　　　③ 안창호
④ 윤봉길　　　　⑤ 안중근

우리 눈에 보이는 자연 풍경은 시간이 흐르면서 이루어졌다. 단단해서 변하지 않을 것 같은 바위가 세월이 흐르면 부서지거나 깎이기도 하고, 흙이 쌓이고 다져져 바위가 되기도 한다.

바위나 돌이 햇빛, 공기, 물, 생물 등에 의해 제자리에서 부서지는 과정을 '풍화' 작용이라고 한다.

풍화가 일어나는 까닭은 여러 가지다. 첫째, 물이 풍화를 일으킨다. 바위틈에 들어간 물이 얼었다가 녹았다 반복하며 바위를 쪼갠다. 둘째, 압력(누르는 힘)이 줄어 바위가 부서진다. 땅속에 묻혀 있던 암석이 땅 밖으로 드러나면, 암석을 누르고 있던 힘이 약해져 암석이 갈라지기도 한다. 셋째, 식물 뿌리가 바위를 갈라지게 한다. 바위틈으로 뻗은 식물의 뿌리가 조금씩 자라면서 바위를 쪼갠다. 넷째, 바람도 풍화를 일으킨다. 모래나 돌멩이가 강한 바람에 날아가 부딪쳐서 바위를 부순다.

침식은 물이나 바람 등이 지구의 표면을 깎는 일을 말한다. 물방울이 떨어져 단단한 바위를 뚫기도 하고 파도가 바위를 깎아 절벽을 만들기도 한다. 강 상류에 있는 돌들은 대부분 크고 모가 나 있으며 표면이 거칠다. 하지만 하류로 내려갈수록 돌은 작아지고 매끈해진다. 물에 쓸려 깎인 것이다. 이런 것들이 모두 침식에 의한 현상이다.

물이나 바람에 실려 온 것이 쌓이는 것을 퇴적이라고 한다. 바람에 날려 온 모래가 쌓여 모래언덕인 '사구'를 만들기도 하고, 물에 떠내려온 흙이 하류에 쌓여 '삼각주'와 같은 새로운 지형을 만든다. 또 강이 빠르게 흐르는 부분에는 침식 작용, 느리게 흐르는 부분에는 퇴적 작용이 일어나 마치 뱀이 기어간 모습과 같이 구불구불한 '사행천'으로 제 모습을 바꾼다.

이렇듯 자연은 스스로 자신을 바꾸며 아름다운 예술품을 빚어내고 있다.

* 암석: 지구의 겉 부분을 이루는 단단한 물질로, 큰 돌이나 바위.

1 '땅이 생긴 모양'이라는 뜻을 지니는 낱말을 글에서 찾아 쓰세요. |어휘|

2 다음 낱말의 반대말을 이 글에서 찾아 쓰세요. |어휘|

 : 흐르는 강이나 냇물의 위쪽. 물이 솟아 흐르기 시작하는 부분. ↔

3 이 글의 내용과 같은 것을 찾으세요. |내용 파악|

① 돌멩이는 물에 깎이지 않는다.

② 강 상류의 돌들은 대부분 작고 매끈하다.

③ 한 번 만들어진 바위는 절대 부서지지 않는다.

④ 단단한 바위를 뚫을 수 있는 것은 아무것도 없다.

⑤ 바람에 실려 온 모래가 쌓여 언덕을 만드는 것은 퇴적 작용이다.

4 다음 중 풍화 작용이 <u>아닌</u> 것을 찾으세요. |내용 파악|

① 바람에 날려 온 모래가 '사구'를 만들었다.

② 바람에 실려 날아온 돌멩이에 바위가 부서졌다.

③ 바위 위에서 자란 나무가 뿌리를 뻗어 바위를 부수었다.

④ 땅속에 묻혀 있던 바위가 땅 위로 드러나면서 조금씩 갈라졌다.

⑤ 바위틈에 흘러 들어간 물이 얼면서 부피가 커져 바위를 쪼개었다.

5 다음 글과 그림에 관련이 깊은 작용을 빈칸에 쓰세요. | 적용 |

(1)

바닷가로 밀려오는 파도에 오랜 시간

되어 만들어진 동굴.

해식 동굴

(2)

강물이 바다로 흘러 들어가는 곳에, 강물에

떠내려온 모래와 흙이 | | | 되어 삼

각형 모양으로 생긴 땅.

삼각주

(3)

강이 흐르면서 부분적으로 | | | 과

| | | 을 반복하여 생긴 강. 마치 뱀이

기어간 모습처럼 만들어져 이렇게 이름 붙였다.

사행천

산업 사회에서는 물건을 만들고 그것을 소비하는 과정이 매우 중요하다. 그런데 우리가 소비하는 상품이나 서비스의 수와 종류가 많아지면서 소비자가 피해를 보는 경우도 늘고 있다. 예를 들어 택배 회사의 배달이 늦어져 제품이 상했는데 제대로 보상 받지 못하는 경우가 있다. 또 판매자가 제품에 대한 정보를 제대로 알려 주지 않아 속아서 구입한 경우도 있다. 이런 피해가 생겼을 때 소비자는 제품의 교환, 환불, 피해 보상 등의 권리를 주장할 수 있다.

소비자 권리란, 소비자가 제품과 서비스를 구입하고 사용할 때 누릴 수 있는 권리다. 국가는 소비자의 피해를 줄이거나 해결하기 위해 소비자 기본법을 정해 놓았다. 법에 명시된 소비자의 기본적 권리는 총 8개인데, 이를 '소비자의 8대 권리'라고 한다.

먼저 소비자는 물품 또는 서비스로 인해 신체적, 경제적으로 발생하는 위험에서 안전하게 보호받을 권리가 있다. 또 소비자는 제품을 선택하는 데 필요한 지식과 정보를 제공받을 권리를 가진다. 이 권리에 따라 소비자는 제품을 판매하는 사람에게 자료나 정보를 요청할 수 있다. 그리고 제품을 사용하면서 입은 피해에 대해 적절한 보상을 받을 권리도 있다. 소비자는 제품을 구매할 때 장소, 상표, 가격 등을 자유롭게 선택할 권리도 있다. 이 밖에 물건을 만든 회사에 자신의 의견을 말할 수 있는 권리, 합리적인 소비 생활을 위해 필요한 교육을 받을 권리, 소비자 스스로 권리를 보호하기 위해 단체를 만들고 활동할 권리, 안전하고 깨끗한 환경에서 상품을 구입하고 사용할 수 있는 권리가 있다.

이렇게 소비자는 자유롭게 제품을 선택할 수 있고, 제품에 문제가 발생하였을 때 권리를 주장할 수 있다. 하지만 소비자도 스스로 권리를 주장하는 만큼 책임 있게

* 교환: 물건과 물건을 서로 바꾸는 것.
* 명시: 사실이나 내용을 글로써 분명하게 나타내 보이는 것.

행동해야 한다. 소비자는 제품을 구입하거나 사용할 때 안전하고 바르게 사용하고 합리적인 소비를 해야 한다. 그리고 자연환경을 보호하는 역할을 성실히 할 책임이 있다.

1 빈칸에 알맞은 낱말을 넣어 이 글의 주제를 완성하세요. | 주제 |

우리나라는 소비자가 상품을 구입하고 사용할 때 누릴 수 있는 ☐☐ 를

법으로 정해 놓았다.

2 '물건 값을 되돌려 주는 것'의 뜻을 지닌 낱말을 찾아 쓰세요. | 어휘 |

☐☐

3 소비자의 피해를 줄이기 위해 국가에서 만든 법을 무엇이라고 하나요? | 내용 파악 |

_____

4 이 글에 나오지 않는 내용은 무엇인가요? | 내용 파악 |

① 소비자의 책임.

② 소비자 권리의 뜻.

③ 소비자의 8대 권리.

④ 소비자가 받은 피해 사례.

⑤ 소비자 보호법을 어길 때 받는 처벌.

5 '소비자의 8대 권리'에 해당하지 <u>않는</u> 것을 고르세요. | 내용 파악 |

① 피해를 보상받을 권리.

② 회사에 의견을 말할 권리.

③ 자연환경을 보호할 권리.

④ 단체를 만들고 활동할 권리.

⑤ 제품에 대한 지식과 정보를 제공받을 권리.

6 다음 중 소비자 피해와 거리가 <u>먼</u> 상황은 무엇인가요? | 적용 |

① 자전거 페달이 불량이라 다리를 다쳤다.

② 조립장난감을 샀는데 부품이 빠져 있었다.

③ 유통기한이 지난 과자를 팔아 그것을 먹고 배탈이 났다.

④ 게임기를 사서 몇 번 사용하지 않았는데 버튼이 빠졌다.

⑤ 옷에 붙어 있는 세탁 표시를 보지 않고 빨아 옷이 줄었다.

7 다음 글에서 설명하는 것은 무엇인가요? | 배경지식 |

> 제품에 문제가 있어 소비자의 신체나 생명에 피해가 발생할 수 있을 경우, 생산 기업에서 해당 제품을 수리·교환·환불해 주는 제도다.
> 판매하고 있는 제품에 문제가 발견되면 생산자는 신문, 방송 등을 통해 이를 공개적으로 발표해야 한다. 특히 자동차나 비행기처럼 생명과 관련 있는 제품은 국가에서 이 제도를 시행하도록 법으로 정해 놓았다.

① 리콜제(결함 보상제)　　　　② 품질 인증제

③ 원산지 표시제　　　　④ 유통 기한 표시제

　식물은 대부분 뿌리에서 흡수한 물과 잎에서 흡수한 빛 등을 이용해 스스로 영양분을 만들어 낸다. 그런데 어떤 식물들은 곤충이나 벌레를 잡아먹고 영양분을 섭취한다. 이러한 식물을 벌레잡이 식물 또는 식충 식물이라고 부른다.

　벌레잡이 식물은 주로 햇빛이 잘 들지 않는 습한 곳에서 살기 때문에 광합성만으로는 영양분을 충분히 얻을 수 없다. 그래서 부족한 영양분을 보충하기 위해 벌레를 잡아먹는다.

　벌레잡이 식물은 크게 세 종류로 나눌 수 있다. 첫째로, 벌레가 오면 빠르게 잎을 닫아서 잡아먹는 식물이다. 다음으로, 주머니 속에 먹이를 소화할 수 있는 액체를 담고 있는 식물이다. 끝으로 끈끈한 액체가 있는 털로 벌레를 잡는 식물이 있다.

　잎을 닫아서 벌레를 잡아먹는 식물은 파리지옥이 대표적이다. 파리지옥은 축축하고 이끼가 낀 지역에서 산다. 파리지옥에는 조개처럼 생긴 잎 안쪽에 감각을 느끼는 작은 털 ㉠세 쌍이 있다. 파리, 나비, 거미 등이 이 털을 건드리면 순식간에 잎이 닫힌다. 잡힌 벌레가 잎에서 빠져나가려고 움직일수록 잎은 더 단단히 조여져 그 속에서 죽게 된다. 파리지옥은 죽은 벌레를 약 2주에 걸쳐 소화한다.

　네펜테스라고도 불리는 벌레잡이통풀은 벌레 잡는 주머니를 달고 있다. 벌레잡이통풀은 주머니 입구에 있는 꿀샘으로 벌레를 유혹한다. 꿀샘에서 나오는 달콤한 냄새를 맡고 온 벌레가 주머니 속에 떨어지면, 즉시 소화액이 나와 벌레를 소화 흡수한다. 소화액이 묽어지면 안 되기 때문에, 주머니 위에는 비를 막기 위한 덮개가 있다.

　털에 끈끈한 액체가 묻어 있는 식물에는 끈끈이주걱이 있다. 끈끈이주걱은 이름에서 알 수 있듯이 잎이 둥근 주걱처럼 생겼다. 그리고 잎에 나 있는 붉은색의 긴 털에 끈끈한 액체가 묻어 있다. 아름다운 털에 이끌려서 잎에 앉은 벌레는 끈적끈적한 액체에 달라붙어서 움직이지 못하게 된다. 이때 끈끈이주걱이 소화액을 분비해 벌레

*주걱: 밥을 푸는 데 쓰는 넓적한 도구.

를 소화 흡수한다.

  이 밖에 물속에 사는 벌레잡이 식물로 통발이 있다. 통발은 줄기에 작은 주머니를 달고 있으며 그 주머니 앞에는 짧은 털이 나 있다. 작은 물고기나 곤충이 그 털을 건드리면 주머니가 물고기나 곤충을 빨아들여 소화한다.

  이처럼 벌레잡이 식물들은 독특한 겉모습과 벌레를 잡아먹는 놀라운 기술로 사람들의 호기심을 자극한다. 그래서 요즘에는 집에서 벌레잡이 식물을 키우는 사람이 늘어나고 있다.

1 다음 그림에 알맞은 이름을 쓰고, 그 식물의 특징을 찾아 짝지으세요. |적용|

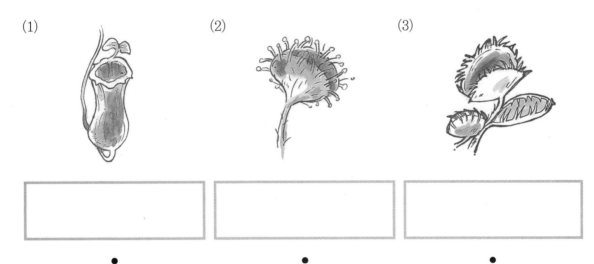

(1)

(2)

(3)

| 조개처럼 생긴 잎 안쪽에 털이 세 쌍 나 있다. | 달콤한 냄새를 내는 주머니를 지니고 있다. | 주걱처럼 생긴 잎에 끈끈한 붉은색 털이 있다. |

2 벌레잡이 식물을 다르게 이르는 말을 이 글에서 찾아 쓰세요. | 어휘 |

[ ][ ] [ ][ ]

3 ㉠은 몇 개인가요? | 어휘 |

① 3개   ② 4개   ③ 5개   ④ 6개   ⑤ 9개

4 벌레잡이 식물이 곤충을 잡아먹는 까닭을 이 글에서 찾아 쓰세요. | 내용 파악 |

_____

5 이 글의 내용으로 맞는 것에는 O, 틀린 것에는 X 하세요. | 내용 파악 |

① 파리지옥은 파리만 잡아먹는다.   (   )
② 물속에 사는 벌레잡이 식물은 없다.   (   )
③ 벌레잡이통풀은 네펜테스라고도 부른다.   (   )
④ 요즈음에는 집에서 벌레잡이 식물을 키우는 사람이 있다.   (   )
⑤ 벌레잡이 식물은 주로 햇빛이 잘 드는 곳에서 자란다.   (   )

6 이 글을 통해 알 수 있는 내용이 <u>아닌</u> 것을 찾으세요. | 내용 파악 |

① 끈끈이주걱의 모양.   ② 벌레잡이 식물의 종류.
③ 파리지옥이 벌레를 잡는 방법.   ④ 벌레잡이통풀 덮개의 쓰임새.
⑤ 벌레잡이 식물의 소화액 성분.

민주주의란 국민이 국가의 주인이 되어 국민을 위한 정치를 이루는 것이다. 국가가 중요한 문제를 결정할 때 전 국민이 한자리에 모여 의견을 나누는 제도를 '직접 민주주의'라고 한다. 하지만 모든 국민이 한자리에 모이는 것은 사실 불가능하다. 그래서 대신 생겨난 것이 '대의 민주주의(간접 민주주의)'다. 대의 민주주의는 국민이 뽑은 대표가 국민을 대신해 정치에 참여하는 제도다.

선거는 선거 관리 위원회라는 단체에서 맡아 관리한다. 선거 관리 위원회는 선거가 공평하고 올바르게 이루어지도록 관리하는 기관이다.

선거를 하려면 먼저 투표권이 있는 사람을 가려야 한다. 사는 곳, 나이 등을 고려하여 투표권이 있는 사람들의 명단을 만든다. 다음으로, 후보자의 등록을 받는다. 국민의 대표가 되려고 하는 사람은 선거 관리 위원회에 후보자로 등록해야 한다. 그 뒤에는 정해진 기간에 선거 운동을 한다. 자신의 장점과 공약, 이력 등을 내세워 대표로 뽑아 달라고 호소한다. 그러면 투표권이 있는 사람은 투표소에서 자신이 지지하는 후보자에게 투표한다. 투표 시간이 지나면 투표용지를 한데 모아 개표한다. 후보자 중 표를 가장 많이 얻은 사람이 당선된다. 당선자는 선거 관리 위원회에서 당선증을 받아 임기 동안 대표로 일한다.

선거에는 지켜야 할 4대 원칙이 있다. '보통 선거', '평등 선거', '직접 선거', '비밀 선거'가 그 원칙이다.

보통 선거는 일정한 나이가 된 모든 국민에게 투표할 수 있는 권리를 준다는 원칙이다. 재산, 신분, 성별 등에 차별을 두지 않고 선거권을 주어야 한다.

평등 선거는 모든 유권자가 한 표씩만 행사하는 원칙이다. 재산이 많고 적음, 학력이 높고 낮음에 상관없이 모두 한 표씩만을 투표할 수 있다.

직접 선거는 말 그대로, 선거권이 있는 사람은 자신이 직접 투표해야 한다는 원칙

* 선거권: 선거에 참여하여 투표할 수 있는 권리.

이다. 투표는 절대 다른 사람이 대신 할 수 없다. 그러므로 ㉠ 투표장은 투표권을 가진 사람들이 누구나 쉽게 투표할 수 있도록 조건을 갖추어야 한다.

마지막으로, 비밀 선거는 누구에게 투표했는지 다른 사람이 알지 못하게 비밀로 해야 한다는 원칙이다. 즉 어떤 사람이 누구에게 투표했는지 물어보거나 알려고 해서는 안 된다.

민주주의 국가에서는 선거를 많이 치른다. 작게는 학급 회장 선거부터 크게는 국회의원, 대통령 선거까지 선거의 종류도 다양하다. 민주주의 국가의 국민은 투표권을 행사하여 대표를 뽑음으로써 정치에 참여한다.

1 다음은 이 글에 쓰인 낱말입니다. 뜻풀이가 <u>잘못된</u> 것을 찾으세요. | 어휘 |

① 공약: 선거에 나온 후보자가, 당선되면 어떤 일을 하겠다고 하는 약속.

② 이력: 지금까지 거쳐 온 학교, 직업, 경험 등의 경력.

③ 개표: 투표함을 열어 투표의 결과를 검사하는 일.

④ 임기: 임무를 맡아 일을 하는 기간.

⑤ 유권자: 선거에서 당선이 되기 위해 나선 사람.

2 다음은 선거의 4대 원칙 가운데 어느 원칙에 어긋나는지 괄호 안에 쓰세요. | 적용 |

① 이모는 몸이 불편하신 할머니를 대신하여 투표하셨다.   (   )

② 삼촌은 할머니께 몇 번 후보에게 투표하셨냐고 계속 물어보셨다.   (   )

③ 방귀 나라에서는 방귀 소리가 큰 사람에게는 2표, 작은 사람에게는 1표를 주었다.   (   )

④ 파란 나라에서는 19살이 되면 투표권을 갖는다. 그러나 19살이 되어도 남성에게는 투표권을 주지 않는다.   (   )

3 이 글의 내용과 같은 것을 찾으세요. |내용 파악|

① 선거는 선거 관리 위원회에서 관리한다.

② 대통령은 일반 국민보다 투표를 많이 할 수 있다.

③ 선거에 후보자로 등록한 사람은 아무 때에나 선거 운동을 할 수 있다.

④ 민주주의 국가에서는 반드시 국민이 한곳에 모두 모여 의견을 결정한다.

⑤ 당선자는 선거 관리 위원회에서 당선증을 받아 평생 국민의 대표로 일한다.

4 ㉠과 <u>관계없는</u> 내용을 고르세요. |추론|

① 장애인을 위해 투표소를 1층에 설치한다.

② 병원에 입원한 환자들은 투표하지 못하게 한다.

③ 군대에 있는 사람을 위해 각 부대에 투표소를 만든다.

④ 외국에 있는 사람들을 위해 외국 각 나라에 투표소를 설치한다.

⑤ 투표일에 바쁜 일이 있는 사람을 위해 사전투표소(미리 투표하는 곳)를 설치한다.

5 다음 글과 가장 관련이 깊은 선거 원칙을 쓰세요. |적용|

지금은 누구나 일정한 나이가 되면 선거에 참여할 수 있다. 하지만 100년 전만 해도 여자들에게는 선거권을 주지 않았다. 대표적인 민주주의 국가 미국과 프랑스도 1920년, 1946년이 되어서야 여성에게 선거권을 주었다.

미국에서는 노예 제도가 사라진 뒤에도 흑인에게는 선거권을 주지 않았다. 그러다가 1870년이 되어서야 흑인 남성에게 참정권을 주었다.

* 참정권: 국민이 정치에 참여할 수 있는 권리. 선거에 후보자로 나설 권리, 투표할 권리, 공무원이 될 수 있는 권리 등이 있다.

　종이는 105년에 중국의 채륜이라는 사람이 발명하였다. 하지만 종이가 발명되기 전에도 사람들은 어딘가에 기록을 남겼다. 이집트 사람들은 파피루스라는 식물의 줄기를 종이처럼 만들어 그것에 기록을 남겼다. 중국 사람들은 거북이의 배 껍데기나 짐승의 뼈에 글자를 새겼다. 이 외에도 사람들은 양피지, 나무껍질, 대나무, 바위 등에도 그림이나 글자를 남겼다.

　종이가 우리나라에 처음 전해진 시기와 방법은 정확하게 기록으로 남아 있지는 않다. 그러나 우리나라도 이른 시기부터 종이를 만들고 사용했다는 증거를 여러 곳에서 찾아볼 수 있다. 백제에서는 〈사기〉라는 역사책을 만들었고, 고구려에서는 승려 담징이 일본에 종이 만드는 방법을 가르쳐 주었다는 기록이 있다. 또, 신라 시대의 종이로 만든 〈무구정광대다라니경〉은 현재까지 발견된 것 가운데 가장 오래된 종이로 알려졌다. 이것으로 보아 우리나라에서도 ㉠ [   ] 부터 이미 종이를 만들어 사용했다는 것을 알 수 있다.

　종이를 만드는 기술을 가리켜 제지술이라고 한다. 제지술이 본격적으로 발달한 것은 고려 시대다. 고려 시대에 나라에서 운영하는 '지소'라는 종이 공장이 있었다. 그리고 왕의 명령으로 닥나무 심기를 권장했다. '고려의 닥종이는 밝은 빛을 내므로 모두 좋아하며 이를 일러 백추지라 한다'라는 기록도 있다. 이처럼 고려에서 만든 백추지와 견지라는 종이는 질이 좋아 중국에 높은 가격으로 팔렸다. 고려의 종이는 질기고 두꺼운 데에다 앞뒤가 모두 반질반질해서 글을 쓰고 그림을 그리는 데에 적당했다. 또 이 무렵에 인쇄술이 개발되면서 인기가 더욱 높아졌다.

　조선 시대에는 한지 만드는 일이 나라의 중요한 일이었을 정도로 종이에 관한 관심이 컸다. 조선의 제3대 왕인 태종은 '조지소'라는 종이 공장을 세워 한지를 생산했다. 닥나무로 만든 한지는 쓰임새가 아주 다양했다. 서예나 인쇄에 이용하는 것은

* 양피지: 양, 염소, 송아지 등 동물의 가죽을 얇게 펴서 글씨를 쓸 수 있게 만든 것.

물론이고 부채, 모자, 쌈지 등 공예품을 만드는 데에도 쓰였다. 또 창이나 문, 바닥에 바르기도 했다. 조선 시대에 시작된 한지 기술은 지금까지 계속 이어지고 있다.

그러나 1892년 무렵, 기계로 종이를 만드는 양지 제지술이 도입되면서 한지의 생산량은 줄어들기 시작했다. 반면에 양지를 만드는 기술은 계속 발전하였다. 그 결과, 현재 우리나라는 우수한 양지를 생산하여 세계 여러 나라에 수출하고 있다.

1 빈칸에 알맞은 낱말을 넣어 이 글의 제목을 지으세요. | 제목 |

우리나라 ☐☐ 의 역사

2 이 글에 쓰인 낱말입니다. 뜻풀이가 바르지 않은 것을 찾으세요. | 어휘 |

① 권장: 어떤 일을 더 잘 할 수 있도록 권하고 격려하는 것.

② 한지: 중국 고유의 방법으로 만든 종이.

③ 쌈지: 바늘이나 돈 등을 싸서 가지고 다닐 수 있게 만든 주머니.

④ 공예품: 생활에서 쓸 수 있으면서 예술적 가치가 있게 만든 물건.

⑤ 양지: 서양에서 들여온 종이.

3 '제지술'의 뜻을 이 글에서 찾아 쓰세요. | 내용 파악 |

4 다음 중 이 글의 내용과 같은 것을 찾으세요. │내용 파악│

① 한지가 양지보다 뛰어나다.

② 이집트 사람들이 종이를 처음 발명하였다.

③ 파피루스는 동물의 가죽을 이용하여 만들었다.

④ 중국 사람들은 거북이 배 껍데기에 기록을 남기기도 했다.

⑤ 우리나라는 요즈음 한지를 세계 여러 나라에 많이 수출하고 있다.

5 우리나라 종이에 대한 설명입니다. **틀린** 것을 찾으세요. │내용 파악│

① 현재는 한지를 만들지 않고 있다.

② 태종은 '조지소'라는 종이 공장을 세웠다.

③ 고려에는 '지소'라는 종이 공장이 있었다.

④ 고려의 종이는 중국에 높은 가격으로 팔렸다.

⑤ 종이가 우리나라에 전해진 시기를 정확하게 알 수는 없다.

6 다음 그림을 보고 ㉠에 들어갈 말을 고르세요. │추론│

① 석기 시대

② 고조선 시대

③ 삼국 시대

④ 고려 시대

⑤ 일제 강점기

겨울이 되어 날이 추워지면 우리는 난방 기구를 이용하여 집을 따뜻하게 한다. 보일러를 켜서 방바닥을 따뜻하게 하고, 난로를 틀어 집 안 공기를 훈훈하게 데운다. 난방 기구에서 나온 열이 전달되어 집 안이 따뜻해지는 것이다.

열이 전달되는 방법은 크게 세 종류가 있다. 첫째, '전도'다. 물체를 따라 열이 전달되는 것을 '전도'라고 한다. 열을 받아서 물체의 한 부분이 뜨거워지면 그 주변으로 열이 전달된다. 또 그 물체와 닿아 있는 다른 물체에도 열이 전해진다.

보일러를 켜면 보일러 안에 불이 붙는다. 그 불은 보일러 속에 저장된 물을 뜨겁게 데운다. 그 뜨거워진 물이 긴 관을 통해 바닥을 지나면서 바닥을 따뜻하게 만든다. 여기서 뜨거운 물이 집 바닥에 열을 전달하여 바닥을 따뜻하게 만드는 것은 열의 전도 때문이다.

다음으로 살펴볼 열전달 방식은 '대류'다. 열을 받아 따뜻해진 액체나 기체는 가벼워져서 위로 올라가게 된다. 그러면 상대적으로 차가운 액체나 기체는 아래로 내려온다. 이렇게 물질이 직접 움직이면서 열을 전달하는 방법을 '대류'라고 한다.

보일러의 따뜻한 물 때문에 따뜻해진 바닥은 그 바로 위에 있는 공기를 따뜻하게 덥힌다. 그렇게 따뜻해진 공기는 위로 올라가고, 상대적으로 차가운 공기는 따뜻한 공기가 있던 자리로 내려간다. 이런 움직임이 이어지면서 집 전체가 훈훈해진다.

마지막 열전달 방식은 '복사'다. 어떤 물체가 열을 직접 내보내는 것을 복사라고 한다. 복사는 전도나 대류보다 훨씬 빠르게 열을 전달한다. 다른 물질을 통해서 전달하는 게 아니라, 열을 바로 내보내기 때문이다.

난로를 켜면, 켜자마자 그 앞이 따뜻해진다. 전기나 석유를 사용하여 뜨거워진 난로가 내뿜은 열은 다른 물체에 닿아 그 물체를 바로 따뜻하게 만든다. 차가운 손, 추워진 몸을 빨리 따뜻하게 하고 싶다면 난로 앞에서 불을 쬐면 된다.

위에서 열이 전달되는 세 방법을 살펴보았다. 하지만 보통은 이 열전달 방법이 따로따로 한 가지씩 일어나지는 않는다. 예를 들어, 난로를 켜면 바로 복사가 일어나 난로 앞의 철망을 따뜻하게 한다. 그 철망은 열을 받은 부분뿐 아니라, 열이 전도되어 그 옆 부분까지 따뜻해진다. 또 복사를 통해 따뜻해진 물체의 주변 공기가 따뜻해지면 대류도 일어난다. 이렇듯 잘 살펴보면 우리 주변에서 열이 전달되는 현상을 쉽게 찾아볼 수 있다.

1 빈칸에 알맞은 낱말을 넣어 이 글의 제목을 지어 보세요. | 제목 |

세 가지 ☐☐☐ 방법

2 이 글이 쓰인 방식을 가장 잘 설명한 것을 찾으세요. | 구조 |

① 시간의 흐름대로 설명하였다.

② 장소의 이동에 따라 설명하였다.

③ 어떤 개념에 대한 여러 의견을 늘어놓았다.

④ 어려운 개념을 알려 주고 나서, 비슷한 점을 설명하였다.

⑤ 어려운 개념을 알려 주고 나서, 이해하기 쉽게 예를 들어 설명하였다.

3 '집을 따뜻하게 하거나 씻을 물을 따뜻하게 하려고 물을 끓이는 장치'의 이름을 이 글에서 찾아 쓰세요. | 어휘 |

4 이 글의 내용으로 맞는 것에는 O, 틀린 것에는 X 하세요. | 내용 파악 |

① 보일러와 난로는 난방 기구다. ( )

② 따뜻한 기체는 위로 올라가는 성질이 있다. ( )

③ 복사는 다른 열전달 방식보다 열을 전달하는 속도가 느리다. ( )

④ 보일러를 켜면 바닥만 따뜻해질 뿐, 집 전체가 훈훈해지지는 않는다. ( )

5 설명에 알맞은 열전달 방법을 찾아 짝지으세요. | 적용 |

(1) 전도   (2) 대류   (3) 복사
•   •   •

•   •   •

바람은 공기가 이동하는 것이다. 낮에는 바다에서 육지로 바람이 불어온다. 낮 동안 뜨거워진 육지의 공기가 하늘로 올라가고 바다 위에 있던 시원한 공기가 육지로 이동하기 때문이다.

우리가 지구에서 따뜻하게 살 수 있는 것은 태양 때문이다. 태양은 스스로 빛과 열을 내뿜는다. 태양이 내뿜은 열이 지구에 도착하여 지구 생명은 따뜻하게 살 수 있다.

가스레인지 위에 프라이팬을 올리고 불을 붙이면 열을 받아 프라이팬 가운데가 뜨거워진다. 하지만 조금 있으면 가운데뿐 아니라 가장자리와 손잡이까지 뜨거워진다.

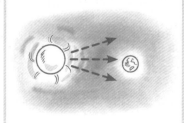

제주도는 화산섬이다. 바다 아래 깊은 곳에서 용암이 분출하여 만들어졌다. 용암과 화산재가 쌓여 섬을 이루었고, 그 중심에서 용암이 솟아 나와 한라산이 되었다.

화산이란 땅속의 마그마가 뿜어져 나와 만들어진 지형(땅의 모양)으로, 이러한 현상을 화산 활동이라고 한다. 우리나라의 산 가운데 화산 활동으로 이루어진 것은 백두산과 한라산이 대표적이다. 화산은 대체로 산과 산이 연결되어 있지 않고 혼자 우뚝 솟아 있다. 꼭대기에는 움푹 파인 분화구가 있다. 분화구는 용암이나 화산 가스가 분출된 구멍이다. 분화구에 물이 고여 호수가 만들어지기도 하는데, 한라산의 백록담이 그렇게 생겨났다.

화산 활동이 일어나는 까닭을 알기 위해서는 지구 내부를 이해해야 한다. 지구의 중심에는 핵이 있다. 그 바깥에는 맨틀과 지각이 있다. 지각은 지구의 가장 바깥 부분인데 여러 조각으로 나뉘어 있다. 이 조각을 판이라고 한다. 지구 내부의 열에 의해 맨틀이 움직이면, 그 밖의 판들이 맨틀을 따라 움직이다가 서로 부딪치거나 벌어지기도 한다. 그러면 그 틈으로 맨틀 속에 있던 뜨거운 마그마가 솟구쳐 나온다. 이것이 화산 활동이다.

화산 활동은 바닷속에서도 일어난다. 바다 아래 깊은 곳의 땅을 '해양 지각'이라고 한다. 해양 지각도 조금씩 움직이면서 틈이 생기고, 그 틈으로 용암이 분출되기도 한다. 분출된 용암이 쌓이고 쌓여 바다 위로 올라오면, 이것이 굳어 섬이 된다. 제주도, 울릉도, 독도가 화산 활동으로 만들어진 대표 섬이다.

화산의 모양은 용암의 점성(끈적이는 정도)에 따라 달라진다. 점성이 많으면 용암이 잘 흐르지 못해 울릉도와 독도처럼 경사가 급한 지형을 만들고, 점성이 적으면 용암이 잘 흘러, 제주도처럼 경사가 완만한 지형을 만든다.

* 용암: 마그마가 땅 밖으로 나온 것.
* 마그마: 땅속 깊은 곳에서 암석이 뜨거운 열을 받아 액체 상태로 된 것.

화산 활동이 일어나면 용암뿐 아니라 화산 가스, 화산재 등이 분출된다. 그리고 산불, 산사태, 지진 등이 일어나기도 한다. 그러면 집과 논밭이 용암이나 화산재에 묻히고, 사람이 다치기도 한다.

　　화산 활동으로 생기는 좋은 점도 있다. 화산재는 땅을 기름지게 하여 농작물을 잘 자라게 한다. 또 화산 활동이 일어난 곳은 관광지로 이용된다. 온천을 개발하거나, 지열 발전소를 지어 땅속의 높은 열로 전기를 생산할 수도 있다.

* 지열 발전소: 땅속의 높은 열을 이용해 전기를 만드는 발전소.

1 이 글에서 가장 중요한 낱말은 무엇인가요? | 핵심어 |

① 제주도　　　　② 용암　　　　③ 화산

④ 백두산　　　　⑤ 지구

2 '화산'의 뜻을 찾아 쓰세요. | 내용 파악 |

_____

3 화산에 대한 설명으로 맞는 것에는 O, 틀린 것에는 X 하세요. | 내용 파악 |

① 화산 꼭대기에는 분화구가 있다. 　　　　　　　　　　(　　　　)

② 바닷속에서는 화산 활동이 일어나지 않는다. 　　　　(　　　　)

③ 용암이 끈적이는 정도에 따라 화산의 모양이 달라진다. (　　　　)

④ 화산이 분출할 때에 용암, 화산 가스, 화산재 등이 나온다. (　　　　)

4 지구의 모습을 나타낸 그림입니다. 설명에 알맞은 이름을 쓰세요. |적용|

(1) 지구의 가장 바깥 부분이다. 여러 개의 조각(판)으로 나뉘어 있다.

_____

(2) 핵의 바깥에 있다. 이곳의 암석이 녹아서 액체 상태가 된 것이 '마그마'다.

_____

5 빈칸에 '용암'과 '마그마'를 넣어 화산이 분출하는 과정을 설명하세요. |적용|

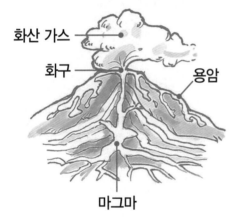

(1) 땅속에서 뜨거운 _____ 가(이) 만들어진다.

(2) 큰 소리와 함께 땅 밖으로 _____ 가(이) 분출된다.

(3) 화산이 생긴다.

6 화산 활동의 이로운 점을 <u>잘못</u> 말한 사람을 고르세요. |내용 파악|

① 은수: 일본은 화산 주변 지역에 온천 지대를 만들었어.

② 지혁: 화산재에 덮였던 땅은 시간이 지나면서 기름져져.

③ 원희: 제주도나 울릉도 등의 화산섬을 관광지로 이용하고 있어.

④ 무영: 화산 활동으로 산불, 산사태 등이 발생해 땅을 넓히게 되었어.

⑤ 세나: 화산 활동으로 만들어진 암석 등을 이용해 관광 상품을 만들 수 있어.

궁녀는 궁에서 일하던 여성을 이르는 말이다. 궁녀는 궁에서 왕과 왕비 그리고 왕의 가족들을 모시거나 궁 안의 잡일을 했는데, 적을 때는 300명 많을 때는 800명이나 궁 안에 있었다.

나라에서는 10년에 한 번씩 궁녀를 뽑았다. 그리고 각 처소에서 필요한 사람이 생기면 그때그때 뽑기도 했다. 궁녀가 되기 위해 궁에 들어온 여자아이를 '생각시'라고 불렀다. 생각시 시절에는 앞으로 하게 될 일을 배울 뿐만 아니라 궁에서 지켜야 할 예법과 기본적인 글을 배웠다.

궁에 들어온 지 15년이 지나면 정식 궁녀가 되었다. 이때 일반 사람들이 혼례를 올리는 것 같은 성인식을 치렀다. 이것을 계례식이라고 하는데 이때부터 머리를 올리고 비녀를 꽂았다. 그러고 나면 정식 궁녀라는 뜻으로 '나인'이라 불렀다. 나인이 되면 두 명이 함께 쓰는 방을 받았고, 방 청소와 심부름을 하는 하녀를 두었다.

나인으로 15년간 일하면 '상궁'이 되었다. 상궁이 되면 혼자 쓸 수 있는 방이 생기고, 밥 짓고 빨래하는 하녀도 두었다. 상궁은 주로 생각시와 나인을 감독하는 일을 했다.

조선의 궁녀들은 왕실의 의, 식, 주를 담당했다. 궁녀의 일은 크게 일곱 가지로 나눌 수 있다. '지밀'에서는 왕과 왕비 주변에서 시중을 들었고, '침방'에서는 왕실 사람들의 의복을 만들었다. '수방'에서는 옷에 수를 놓거나 장식물을 다는 일을 했다. '세수간'에서는 왕실 사람들의 세숫물과 목욕물 그리고 요강을 담당했다. '생과방'에서

* 처소: 사람이 살거나 머무르는 곳.
* 의식주: 입는 옷(의), 먹는 음식(식), 머무는 곳(주).
* 시중: 심부름 등을 하면서 남을 돌보는 일.
* 수: 옷이나 천에 여러 가지 색실로 그림, 글자, 무늬를 박아 넣는 것.
* 요강: 방에 두고 오줌을 누는 그릇.

는 음료와 과자를 만들었고, '소주방'에서는 식사와 잔치 음식을 맡았다. 그리고 '세답방'에서는 세탁, 다듬이질, 염색을 했다.

궁녀는 보통 하루에 여덟 시간 일하고 다음 날 쉬었다. 그리고 궁궐에서 먹고, 입고, 자는 것 외에도 월급을 받았다. 처음 나인이 되면 쌀 네 말, 콩 한 말 다섯 되, 북어 열세 마리를 받았다. 궁녀의 지위가 올라갈수록 월급도 많아져서 상궁이 되면 쌀 열여섯 말 다섯 되, 콩 다섯 되, 북어 팔십 마리를 받았다. 연말이나 명절이면 특별한 선물도 받았다.

궁녀는 비록 결혼도 못 하고 평생을 궁에서 살아야 했지만, 여성의 지위가 낮았던 시대에 당당한 직업을 가진 여성이었다.

* 염색: 물감으로 천, 머리카락 등을 물들이는 것.
* 말: 곡식, 가루, 액체 등의 양을 나타내는 말. 한 말은 열 되다.

1 이 글에 대한 설명으로 맞는 것에는 O, 틀린 것에는 X 하세요. | 내용 파악 |

① 궁녀는 월급을 받았고 여가도 있었다.   (   )
② 궁녀는 여자였기 때문에 글을 배우지 못했다.   (   )
③ 처음 궁에 온 여자아이를 '나인'이라고 불렀다.   (   )
④ 상궁은 주로 나인과 생각시를 감독하는 일을 했다.   (   )
⑤ 나인은 두 명이 함께 방을 썼고 심부름하는 하녀를 받았다. (   )

2 궁녀는 지위에 따라 부르는 이름이 다릅니다. 빈칸에 알맞은 이름을 쓰세요. | 내용 파악 |

생각시 → (1) [|] → (2) [|]
        15년 후   15년 후

3 이 글에서 알 수 있는 내용이 <u>아닌</u> 것을 고르세요. | 내용 파악 |

① 궁녀의 뜻.　　　　　　　② 궁녀가 입는 옷.

③ 궁녀가 하는 일.　　　　　④ 상궁이 되는 과정.

⑤ 궁녀의 월급.

4 서로 어울리는 것끼리 연결하세요. | 내용 파악 |

(1) 지밀 •　　　　　　　• 왕실의 의복 담당.

(2) 침방 •　　　　　　　• 음료와 과자 담당.

(3) 생과방 •　　　　　　• 수 놓기 담당.

(4) 세답방 •　　　　　　• 왕실 사람들의 시중 담당.

(5) 수방 •　　　　　　　• 세탁, 다듬이질, 염색 담당.

5 아래에서 설명하고 있는 사람은 누구인가요? | 배경지식 |

> 궁에서 여러 가지 허드렛일을 했다. 청소, 불 때기, 물 떠 나르기를 비롯해 각 처소의 막일은 전부 이들이 맡았다. 쌀이나 콩 등으로 월급을 받았다. 주로 결혼을 한 아낙네들이 많았으며 출퇴근이 가능했다. 하지만 궁중의 소식이 밖에 새어나가는 것을 막기 위하여, 조선 태종 때에 궁궐 안에서 사는 것으로 바뀌었다.

① 후궁　　　　　② 심부름꾼　　　　　③ 무수리

④ 청소부　　　　⑤ 잡부

　쓰레기 매립장이나 소각장, 화장장 등은 우리가 살아가는 데 꼭 필요한 시설이다. 그런데 이러한 시설이 내가 사는 지역에 들어선다면 어떨까? 일부 사람들은, 이러한 혐오 시설이나 위험 시설이 내가 사는 지역에 세워지는 것은 안 된다고 주장한다. 이러한 것을 님비 현상(지역 이기주의)이라고 한다. 즉, 자기 지역의 이익만 생각하고 다른 지역은 돌아보지 않는 태도를 말한다.

　님비란 '내 뒷마당에는 안 된다(Not In My Back Yard)'라는 영어의 약자다. 각 단어의 첫 글자를 따서 님비(NIMBY)라고 부른다. '님비'라는 말은 미국에서 처음 생겨났다. 1987년 3월 미국 정부는 큰 배에 쓰레기 3,000여 톤을 싣고 항해를 나섰다. 한 지역의 주민들이 배출한 쓰레기를 처리할 장소를 찾기 위해서였다. 6개월 동안 6개 지역을 돌아다녔지만, 쓰레기를 버릴 곳은 찾지 못했다. 가는 곳마다 주민들은 "Not In My Back Yard(낫 인 마이 백 야드)" 하며 막아섰다. 이 사건에서 '님비'라는 말이 처음 사용되었다.

　'님비 현상'은 우리 주변에서도 종종 일어난다. 집값이 내려간다는 이유로 장애인 특수 학교 건립을 반대하거나, 시끄럽다는 이유로 소방서 설립을 꺼리는 것이 그 예다. 또 분뇨 처리장, 납골당, 장애인 시설 등의 필요성은 알지만 내가 사는 지역에 들어서는 것을 꺼리기도 한다. 내가 사는 지역에 이런 시설이 들어서면 땅값이 떨어지거나 환경이 나빠질 것으로 판단하기 때문이다.

* 매립장: 쓰레기 따위를 땅속에 파묻는 곳.
* 소각장: 쓰레기 따위를 불에 태워 없애는 장소.
* 화장장: 시체를 불에 태우는 곳.
* 약자: 간략하게 만든 글자.
* 분뇨: 똥과 오줌을 아울러 이르는 말.
* 납골당: 시체를 불태우고 남은 뼈를 담아, 모셔두는 곳.

님비 현상의 반대 뜻인 '핌피 현상'도 있다. 핌피(PIMFY)란 '내 집 앞마당에 와 달라(Please In My Front Yard)'는 영어의 약자다. 자신이 사는 지역에 이익이 될 만한 시설을 들여오려는 현상이다. 예를 들어 도서관이나 백화점, 지하철역, 종합 병원 등 지역 발전에 유리한 시설이 들어서기를 바라는 것이다. 고속 철도 정거장을 자기 지역에 세우려 하거나 국제공항을 서로 짓겠다고 대립하기도 한다. 핌피 현상은 님비 현상과는 반대 개념이지만 지역 이기주의라는 관점에서는 똑같다.

한편, 어떤 도시에서는 님비 시설을 핌피 시설로 바꾸어 갈등을 해소했다. 님비 시설인 하수 처리장을 설치하며, 이곳에 체육시설과 공원을 함께 만들어 시민들이 여가를 활용할 수 있게 했다. 또, 지역 간에 협약을 통해 갈등을 해소하기도 했다.

* 고속 철도: 매우 빠르게 달리는 기차의 철도.
* 하수 처리장: 하수(쓰고 버리는 더러운 물)를 모아서 깨끗하게 만드는 곳.
* 협약: 어떤 문제를 서로 이익이 되게 하려고 여럿이 의논하여 약속하는 것.

1 이 글에서 가장 중요하게 쓰인 말을 고르세요. | 핵심어 |

① 님비 현상　　　　② 핌피 현상　　　　③ 바나나 현상

④ 지역 이기주의　　⑤ 공동체주의

2 '님비 현상'의 뜻을 글에서 찾아 쓰세요. | 내용 파악 |

_____

_____

3 이 글의 내용으로 맞지 <u>않는</u> 것을 고르세요. | 내용 파악 |

① '님비'라는 말은 미국에서 처음 생겨났다.

② 님비 현상과 핌피 현상은 둘 다 지역 이기주의다.

③ 님비란 '내 뒷마당에는 안 된다'라는 영어에서 따온 말이다.

④ 핌피 현상은 자신이 사는 지역에 이익이 될 만한 시설을 들여오려는 현상이다.

⑤ 내가 사는 지역에 쓰레기 소각장이 들어서는 것을 반대하는 것은 핌피 현상이다.

4 다음 글의 상황이 '님비 현상'과 '핌피 현상' 가운데 어떤 것인지 쓰세요. | 적용 |

> 쌩쌩 자동차 공장 유치를 두고 파란 지역과 초록 지역이 경쟁했다. 자동차 공장이 생기면 일자리가 늘고, 경제가 발전할 수 있기 때문이다. 쌩쌩 자동차 공장은 초록 지역에서 짓는 것으로 확정됐다. 그러자 파란 지역에서 쌩쌩 자동차 불매 운동(어떤 상품을 사지 않는 일)이 일어났다.

5 다음 글에서 설명하는 것은 무엇인가요? | 배경지식 |

> 내가 사는 지역에 환경오염을 일으킬 수 있는 어떤 시설물도 짓지 못하게 하는 현상이다. '어디에든 아무것도 짓지 마라(Build Absolutely Nothing Anywhere Near Anybody)'라는 영어의 약자로, 님비·핌피 현상과 같은 지역 이기주의 현상이다.

① 바나나 현상   ② 파인애플 현상   ③ 바닐라 현상

④ 레몬 현상   ⑤ 아이스크림 현상

　　우리나라는 중앙 정부가 나라 전체의 살림을 맡는다. 하지만 중앙 정부에서 각 지역의 살림을 자세히 알기는 어렵다. 그래서 각 지역에 '지방 정부'를 두어 직접 살림을 맡도록 하고 있다. 이것을 '지방 자치'라고 한다.

　　자치(自治)란 '스스로 다스린다'라는 뜻이다. 즉, 지역 주민이 스스로 뽑은 대표를 통해 지역을 다스리는 것을 지방 자치라 한다. 주민은 4년에 한 번씩 시장, 군수, 도지사, 구청장, 시의원, 구의원, 도의원 등 지역의 대표를 뽑는다. 이것이 '지방 선거'다. 지방 선거를 통해 각 대표가 뽑히면 '지방 자치 단체'가 구성된다. 지방 자치 단체에는 '지방 정부'와 '지방 의회'가 있다.

　　'지방 정부'에는 광역 자치 단체인 '시·도'가 있다. 시에는 서울특별시, 세종특별자치시, 6개의 광역시가 있다. 도에는 제주특별자치도와 8개의 도가 있다. 기초 자치 단체인 '시·군·구(광역시에 포함된 구)'도 지방 정부다. 광역 자치 단체에 비해 좁은 지역을 다스린다. 예를 들어, 경기도 수원시, 강원도 양구군, 대구광역시 달성군, 서울특별시 종로구 등이 기초 자치 단체에 속한다.

　　지방 정부에는 지방 자치 단체장인 '시장'이나 '도지사'를 비롯해 여러 공무원이 있다. 지방 정부에서는 살기 좋은 지역을 만들기 위해 다양한 노력을 한다. 주민의 건강과 복지를 위해 예방 접종을 하고, 노인과 장애인을 위한 시설을 짓는다. 도로, 주택, 상하수도 등을 건설해 지역의 발전을 돕는다. 박물관이나 도서관을 운영하고 공원 등을 만들어 살기 좋은 지역을 만들려고 힘쓰며, 주민들이 즐길 만한 다양한 행

*　중앙 정부: 대통령과 행정부를 말한다.

*　광역시: 부산, 인천, 대구, 대전, 광주, 울산.

*　도: 경기도, 강원도, 충청북도, 충청남도, 경상북도, 경상남도, 전라북도, 전라남도.

*　상하수도: 상수도(마실 물을 보내는 수도 시설)와 하수도(쓰고 버린 더러운 물이 흘러 나가는 시설)를 아울러 이르는 말.

사를 연다. 그리고 이러한 사업을 실행할 수 있도록 1년 동안 지역에서 사용할 예산을 세운다.

지방 의회에는 시·도 의회(광역 자치 단체)와 시·군·구 의회(기초 자치 단체)가 있다. 각 의회에는 주민이 뽑은 의회 의원이 있다. 의회 의원들은 지방 정부가 하는 일을 감독한다. 지방 정부에서 계획한 일이 지역 주민을 위한 일인지, 일을 잘 추진하고 있는지 살핀다. 또 지방 정부에서 세운 예산을 결정하고, 지방 정부가 바르게 사용하였는지 조사한다. 지역 상황에 맞는 조례를 만들거나 고치는 일도 의회에서 한다.

이와 같이 지방 자치는 지역의 대표와 주민이 함께 지역을 발전시켜 나가는 정치 제도다. 지역 실정에 맞는 '맞춤 정치'를 통해 지역이 발전하고, 주민의 삶도 향상될 수 있다.

* 예산: 어떤 일을 하는 데에 필요한 비용을 미리 계산하는 것.
* 조례: 지방 의회가 지역의 살림살이를 하는 데 필요한 내용을 규칙으로 정한 것.

1 이 글에서 가장 중요한 낱말을 고르세요. | 핵심어 |

① 중앙 정부　　　　② 지방 자치　　　　③ 지방 선거
④ 지방 정부　　　　⑤ 지방 의회

2 이 글의 내용과 같지 <u>않은</u> 것을 고르세요. | 내용 파악 |

① '시·군·구'는 기초 자치 단체다.
② 지방 자치 단체에는 지방 정부와 지방 의회가 있다.
③ 지방 의회에는 '시·도' 의회와 '시·군·구' 의회가 있다.
④ 지방 정부에는 광역 자치 단체와 기초 자치 단체가 있다.
⑤ 지방 자치는 대통령이 뽑은 사람이 지역을 다스리는 것을 말한다.

3 지역 주민이 뽑은 대표를 통해 지역을 다스리는 정치 제도를 무엇이라고 하나요? | 내용 파악 |

_____

4 다음 중 지방 의회에 대한 설명으로 맞는 것을 고르세요. | 내용 파악 |

① 나라 전체의 살림을 맡는다.　　　② 지방 자치 단체장이 있다.

③ 주민에게 필요한 시설을 만든다.　　④ 지방 정부가 하는 일을 감독한다.

⑤ 1년 동안 지역에서 사용할 예산을 세운다.

5 지방 정부와 지방 자치 단체장을 바르게 짝지으세요. | 적용 |

(1) 서울특별시　　　　●　　　　　　　　　●　군수(기초)

(2) 서울시 강남구　　　●　　　　　　　　　●　도지사(광역)

(3) 경상남도 창녕군　　●　　　　　　　　　●　시장(광역)

(4) 제주특별자치도　　●　　　　　　　　　●　구청장(기초)

6 아래의 문제를 해결하기 위해 지방 정부가 해야 할 일을 고르세요. | 적용 |

> 사람들이 불법 주차를 많이 하여 차들이 오가기 어렵고, 보행자도 안전에 위협을 받는다.

① 도로 포장하기　　② 버스 노선 바꾸기　　③ 공영 주차장 만들기

④ 공원 만들기　　　⑤ 지하철 정류장 늘리기

[가]

　문단이란 글을 내용에 따라 나눈 문장의 덩어리다.

　우리가 글을 읽을 때, 문장들이 길게 이어지다 줄이 바뀌고 첫 칸이 비워졌다면, 그것은 다른 내용으로 시작되었다는 것, 즉 문단이 바뀌었다는 증거다. 글을 쓸 때도 앞에서 쓴 내용과 다른 내용을 쓰려면 줄을 바꾼 뒤, 다음 줄의 첫 칸을 비우고 써야 한다.

　문단은 그 내용이 하나로 이루어져야 한다. '우리나라의 사계절'이라는 설명문을 쓴다면, '봄, 여름, 가을, 겨울'을 네 개 문단으로 나누어 쓰는 것이 좋다.

　문단에서 제일 중요한 문장을 '중심 문장'이라 한다. 중심 문장을 제외한 문장들은 중심 문장을 돕는 '뒷받침 문장'이다.

[나]

　우리나라의 특징 가운데 하나는 봄, 여름, 가을, 겨울의 사계절 변화가 뚜렷하다는 것이다. 사계절 기후의 특징에 따라 옷과 음식 등 우리 생활도 뚜렷하게 다르다. 봄에는 포근하고 건조한 바람이 불어 얼었던 강물이 녹아 흐른다. 나무에서 새순이 돋고 들판에서는 새싹이 나며 꽃이 핀다. 사람들은 겨우내 입었던 두꺼운 옷을 벗고 밝고 가벼운 옷을 입는다. 그리고 달래, 냉이, 씀바귀 등의 봄나물로 만든 음식을 먹어 몸에 생기를 불어넣는다. 또 대청소를 하여 겨울에 쌓인 먼지를 털어낸다. 우리나라의 여름은 남쪽에서 더운 바람이 불어와 기온이 높고 비가 많이 내리는 특징이 있다. 사람들은 여름의 후텁지근한 더위를 극복하기 위해 얇고 시원한 옷을 입는다. 또 땀을 많이 흘리기 때문에 옷을 자주 갈아입는다. 외출할 때에는 햇빛을 막기 위해 선글라스나 모자를 쓰기도 한다. 그리고 수박이나 참외 같은 시원한 과일을 즐기

* 생기: 활발하고 힘찬 기운.

며 삼계탕 같은 음식을 먹어 기운을 차린다. 집에서는 선풍기나 에어컨으로 시원하게 지내며, 바다나 계곡으로 피서를 가기도 한다. 가을은 맑은 날씨가 길게 이어지며 아침, 저녁으로 서늘하다. 사람들은 긴소매 옷을 입기 시작하고 겉옷을 걸치기도 한다. 추석이 있어 햇곡식과 햇과일을 마련하여 조상님께 감사를 드리고 송편을 만들어 먹는다. 장마와 태풍으로 무너진 담이나 지붕을 손질하기도 하면서 겨울을 준비한다. 겨울에는 북쪽에서 찬 바람이 불어와 추워지고 눈이 내린다. 사람들은 추위를 이기기 위해 두꺼운 옷을 입고 목도리나 장갑도 준비한다. 그리고 겨우내 먹을 김치를 담근다. 집에서는 창문 틈에 문풍지를 붙여 찬 공기를 막고 난방을 한다. 이렇듯 계절에 따라 자연환경이 달라지면 거기에 맞추어 우리의 생활 모습도 달라진다. 그래서 우리 조상들은 계절이 변하기 전에 다음 계절을 준비하려고 노력하였고, ㉠ [   ] 등에서 계절의 특성을 잘 활용하는 생활의 지혜를 발휘했다.

* 문풍지: 문틈으로 새어 드는 바람을 막기 위하여 문짝 가장자리를 빙 둘러 붙여 바른 종이.

1 ㉠에 들어갈 낱말입니다. 사람이 생활하는 데에 기본이 되는 것으로, '옷, 음식, 집'을 통틀어 이르는 말을 쓰세요. | 어휘 |

2 이 글의 내용과 <u>다른</u> 것을 찾으세요. | 내용 파악 |

① 문단이 바뀌면 첫 칸을 비우고 쓴다.

② 문단은 그 내용이 여러 개로 이루어진다.

③ '뒷받침 문장'은 중심 문장을 돕는 문장이다.

④ '중심 문장'은 문단에서 제일 중요한 문장이다.

⑤ 글의 내용에 따라 나눈 문장의 덩어리를 문단이라고 한다.

3 [나]는 여섯 문단으로 나눌 수 있습니다. 각 문단의 시작하는 말을 쓰세요. |적용|

첫 문단	우리나라의	두 번째 문단	
세 번째 문단		네 번째 문단	
다섯 번째 문단		여섯 번째 문단	이렇듯

4 다음 글을 읽고 문단을 나누어야 할 <u>두</u> 곳에 표시(⌐)를 하세요. |적용|

한글박물관 1층에는 한글도서관이 있었다. 한글 관련 문화·예술 자료와 어린이를 위한 한글 교육 관련 자료 등 다양한 책이 있었다. 2층에는 한글의 역사 자료가 전시되어 있었다. 한글이 없던 때의 문자부터 한글의 발전 과정까지 알 수 있었다. 3층에는 한글을 지켜온 사람들에 대한 자료가 있었다. 그 사람들이 얼마나 힘겹게 한글을 지켜 왔는지 알게 되었다.

5 다음 글에서 중심 문장을 찾아 밑줄을 그으세요. |적용|

글을 쓸 때는 반드시 읽을 사람을 생각해야 한다. 독자는 나이가 어린데 너무 전문 용어를 많이 사용한다면 이해하지 못할 수 있다. 반대로, 나이 많은 독자에게 너무 쉬운 내용을 전달한다면 독자가 그 글을 아예 읽지 않을 수 있다.

우리나라의 동쪽에는 해가 떠오르는 동해가 있다. 서쪽의 서해는 갯벌이 아름답다. 우리나라 남쪽에서 태평양을 향해 있는 바다는 넓고 깊은 남해다. 하지만 북쪽으로는 중국과 러시아가 이어져 있다. 이렇게 우리나라는 세 면이 바다에 둘러싸여 있다.

　　우리나라는 황사와 미세먼지 때문에 골머리를 앓고 있다. 우리의 건강을 심각하게 위협하고 있으나 쉽게 해결할 수 있는 현상이 아니기 때문이다.

　　황사 현상이란 중국과 몽골의 사막 지대에 있던 가는 모래가 바람을 타고 공기 중에 떠다니다가 내려오는 현상이다. 옛날에는 하늘에서 흙이 비처럼 내린다고 해서 황사 현상을 흙비 또는 토우(土雨)라고 불렀다.

　　황사는 주로 날씨가 건조한 3월에서 5월 사이에 발생하는데, 최근에는 기후 변화로 발생 횟수가 늘었다. 중국의 황토(누런빛을 띤 흙) 지역에 있는 흙은 겨우내 얼어 있다가 봄이 되면 녹아서 모래 먼지가 된다. 이 모래 먼지는 강한 바람을 타고 '모래 폭풍'이 되어 하늘 높이 오른다. 그 모래 폭풍은 편서풍을 타고 우리나라뿐 아니라 일본을 거쳐 태평양과 미국까지 이동하기도 한다.

　　황사는 우리 눈에 보이지 않을 정도로 작은 흙먼지다. 그 속에는 우리 몸에 해로운 중금속과 암을 일으키는 물질들이 섞여 있다. 공장에서 나오는 매연이 하늘에서 떠다니다 흙먼지와 섞이기 때문이다. 황사가 우리 몸에 들어오면 여러 가지 병을 일으킨다. 눈에 결막염이 생기거나 비염, 천식과 같은 호흡기 질환이 생기기도 하고, 피부가 가려워지거나 건조해지는 등 나쁜 영향을 미친다. 특히 면역력이 약한 어린이와 노인은 질병에 걸릴 위험이 더 크다.

　　황사에 대비해 건강을 지키려면 어떻게 해야 할까? 일기예보를 잘 듣고, 황사가 발생했을 때는 바깥 활동을 줄여야 한다. 부득이 외출해야 할 때는 긴 옷과 마스크를 착용해 몸을 보호하고, 외출 후에는 손발을 깨끗이 씻는다. 또 황사에 노출된 농

* 겨우내: 겨울 동안 계속해서.
* 편서풍: 중위도 지역(중국, 우리나라, 일본, 미국 등이 위치)에서 서쪽에서 동쪽으로 일 년 내내 부는 바람.
* 중금속: 수은이나 납 같은 무거운 금속. 사람 몸에 해로운 것이 많이 들어 있다.

수산물이나 물건 등은 충분히 씻은 후에 먹거나 사용한다. 흙먼지가 집 안으로 들어오지 않도록 창문을 꼭 닫는 것도 황사를 예방하는 길이다.

황사 현상은 우리나라의 산업에도 많은 영향을 끼친다. 비행기나 전자 장비같이 예민한 기계는 작은 흙먼지가 들어가도 쉽게 고장이 날 수 있다. 그래서 황사 현상이 심한 날에는 기계를 사용할 수 없어서 공장에서 물건 생산을 멈추기도 한다. 또 황사는 식물의 호흡을 막기 때문에 농작물의 성장을 방해하여 농가에 피해를 주기도 한다.

미세먼지도 황사와 같이 우리의 건강, 산업, 농작물 등에 나쁜 영향을 미치는 매우 위험한 오염 물질이다. 미세먼지는 황사보다 더 작은 알갱이로, 미세먼지와 초미세먼지로 구별한다. 미세먼지는 발전소나 공장 등에서 석탄·석유 등을 태울 때 생기는 매연, 자동차 배기가스, 공사장이나 도로에서 날리는 먼지 등으로 발생한다. 난방용 연료 사용이 증가하는 겨울철에 미세먼지의 발생량이 증가하며, 국내뿐 아니라 국외에서도 미세먼지가 유입되어 우리나라 대기에 아주 큰 영향을 미친다.

황사와 미세먼지의 차이는 발생 원인이 다르다는 점이다. 황사는 중국과 몽골의 사막 지대에 있던 흙먼지가 바람을 타고 날아온 자연 현상이다. 반면, 미세먼지는 자동차·공장·가정 등에서 석탄이나 석유가 연소하면서 배출된 인위적인 오염 물질이다.

* 배기가스: 자동차나 기계에서 내보내는 가스.
* 인위적: 자연의 힘이 아닌 사람의 힘으로 이루어지는 것.

1 빈칸을 채워 글의 제목을 지어 보세요. |제목|

		와				

2 이 글에 대한 설명으로 바르지 <u>않은</u> 것을 고르세요. | 내용 파악 |

① 황사는 3월에서 5월 사이에 많이 발생한다.

② 황사가 우리 몸에 들어오면 여러 가지 병을 일으킨다.

③ 황사에는 중금속과 암을 일으키는 물질이 섞여 있다.

④ 황사 현상은 우리나라 산업에는 아무런 영향을 미치지 못한다.

⑤ 황사는 식물의 호흡을 막아서 농작물이 자라는 것을 방해한다.

3 중국에서 발생한 모래 먼지를 우리나라로 운반하는 바람의 이름은 무엇인가요? | 내용 파악 |

_____

4 다음 글을 읽고 알 수 있는 사실이 <u>아닌</u> 것을 고르세요. | 추론 |

> 미세먼지는 우리 주위에 늘 있는 먼지 중에서 아주 작은 것을 말한다. 눈에 보이지 않을 정도로 아주 가늘고 작다. 대부분이 자동차의 배기가스, 공장 굴뚝에서 나오는 오염 물질이다. 미세먼지는 우리가 숨 쉴 때 호흡기관을 통해 폐 속으로 들어가서 폐의 기능을 떨어뜨리고 면역 기능도 약하게 만든다. 미세먼지보다 작은 초미세먼지는 코털이나 기관지 점막에서 걸러지지 않아 더욱 위험하다.
>
> 미세먼지가 많은 날에는 될 수 있으면 외출을 삼가야 한다. 외출할 때는 황사 차단용 마스크를 착용하고, 외출 후에는 코와 손을 깨끗이 씻으면 미세먼지 흡입을 예방할 수 있다.

① 미세먼지는 인간의 노력으로 줄일 수 없다.

② 미세먼지가 심한 날에는 외출을 삼가는 것이 좋다.

③ 미세먼지는 대부분 사람들이 활동하며 만들어 낸 오염 물질이다.

④ 미세먼지는 공기 중에 떠다니는 작은 알갱이로, 인체에 나쁜 영향을 끼친다.

⑤ 초미세먼지는 기관지에서 걸러지지 않고 폐까지 곧바로 들어갈 수 있어 더욱 위험하다.

5 이 글에서 알 수 <u>없는</u> 내용은 무엇인가요? | 내용 파악 |

① 황사 현상의 뜻.

② 미세먼지의 발생 원인.

③ 미세먼지의 이동 방향.

④ 황사와 미세먼지의 차이점.

⑤ 황사 현상으로 인한 질병과 예방법.

6 황사가 발생했을 때 해야 할 행동으로 바르지 <u>않은</u> 사람을 고르세요. | 적용 |

① 정민이는 학교에 갈 때 마스크를 착용했다.

② 은수는 시장에서 사 온 과일을 물로 깨끗이 씻어서 먹었다.

③ 수호는 하늘이 뿌연 것을 보고 친구들과 축구 시합을 취소했다.

④ 미현이 어머니는 집안을 환기하려고 창문을 활짝 열었다.

⑤ 현준이는 외출 후에 옷에 묻은 먼지를 털어내고 손발을 깨끗이 씻었다.

7 이 글에서 알 수 있는, 편서풍의 이동 방향으로 알맞은 것에 동그라미 하세요. | 적용 |

8 앞 글과 아래의 자료를 바탕으로 이야기를 나누었습니다. 황사와 사막화 현상에 대해 잘못 이해한 사람은 누구인가요? |추론|

> 황사가 심해지는 까닭은 '사막화' 때문이다. 사막화란 땅이 말라 점점 사막으로 변해가는 것이다. 현재 중국은 국토의 30%, 몽골은 40%가 사막화되고 있다.
>
> 가뭄과 건조한 날씨가 이어져 점차 땅이 마르거나, 공장이나 건물을 짓고 도로를 내느라 산을 밀고 숲을 없애서 사막화 현상이 발생한다.
>
> 땅이 메마르면 흙이 바람에 쓸려나가 식물이 자라지 못한다. 그러면 그 땅은 사막으로 변하고 황사는 더욱 심해진다.

① 재경: 사막화를 방지하려면 나무를 많이 심어야 해.

② 두준: 사막화가 심해지면 동식물이 죽고, 사람도 살기 어려워져.

③ 주연: 중국과 몽골이 사막화되더라도 우리나라는 아무런 영향을 받지 않아.

④ 승화: 산을 밀어 도로를 내는 등의 개발을 규제하는 것도 사막화를 방지하는 일이야.

⑤ 재민: 황사와 사막화 때문에 농경지가 감소하고 그로 인해 식량이 줄어들게 돼.

9 이 글의 중심 내용이 잘 나타나도록 빈칸을 채우세요. |요약|

> 황사 현상은 중국과 몽골의 (   ) 지대에 있는 (   )가 바람을 타고 공기 중에 떠다니다 내려오는 현상이다. 미세먼지는 황사보다 더 작은 알갱이로, 석탄·석유 등을 태울 때 생기는 매연, 자동차의 (   ) 등에서 주로 발생한다.
>
> 황사와 미세먼지는 우리의 건강과 산업에 악영향을 끼치며, 농작물의 성장을 방해한다. 이로 인해 발생하는 피해를 줄이려면 창문을 닫아 흙먼지가 집안으로 들어오는 것을 막는다. 외출 시에는 (   )를 착용하고, 외출 후에는 (   )을 깨끗이 씻어 청결을 유지한다.

이 글은 프랑스의 곤충학자 장 앙리 파브르가 쓴 〈파브르 곤충기〉다.

〈파브르 곤충기〉는 곤충들의 생활을 관찰해 기록한 것으로, 모두 10권으로 구성되어 있다. 다음은 〈파브르 곤충기〉 가운데 '붉은병정개미'를 설명한 것으로, [가]는 앞부분, [나]는 뒷부분이다.

[가]

내 연구소에 있는 곤충 가운데 내가 으뜸으로 꼽는 것은 노예를 사냥하는 붉은병정개미다. 이 붉은병정개미는 새끼를 키울 줄도 모르고 먹이를 찾는 것도 서투르다. 심지어 바로 앞에 있는 물건도 제대로 찾지 못한다.

그래서 붉은병정개미에게는 집안일을 해 주고 먹이를 입에 넣어 줄 심부름꾼이 필요하다. 실제로 붉은병정개미들은 남의 새끼를 훔쳐서 하인으로 삼는다. 붉은병정개미는 자신들 집 주변에 있는 다른 개미 집을 습격하여 번데기를 빼앗아 온다. 그 번데기에서 나온 개미들이 붉은병정개미들의 심부름꾼이 된다.

붉은병정개미는 무더운 6, 7월이 되면 개미집을 습격하기 위해 출동한다. 무더운 낮에는 땅 밑에서 쉬다가 해가 뉘엿뉘엿 질 때 집을 나서는데 그 모습은 마치 군대의 출동 같다. 이 전투 행렬은 보통 5~6미터나 된다. 이 행군은 특별한 사건이 없는 한 매우 질서 있게 이루어진다.

행군 도중에 방해물이나 반불개미 집 같은 것이 나타나면 앞서가던 개미들이 걸음을 멈추고 근처로 흩어진다. 그 후에 뒤따라오던 개미들과 뭉쳐서 전투태세를 취한다. 이때 척후병 개미들이 먼저 달려 나간다. 그리고 척후병이 돌아와서 아무 일도 없다고 전하면 다시 행군을 시작한다.

붉은병정개미 부대는 정원을 가로지르고 잔디밭을 지나 낙엽이 쌓인 곳에 이르러, 모습을 감춘다. 곧 주위를 맴돌던 이 개미 떼는 마침내 반불개미의 집을 발견한다.

반불개미의 굴속으로 습격해 들어간 붉은병정개미는 번데기를 빼앗아 밖으로 나오려 한다. 그러면 출입구에서 나가려는 붉은병정개미와 지키려는 반불개미 사이에 전투가 벌어진다. 그러나 이 전투의 승자는, 싸움을 잘하는 붉은병정개미일 수밖에 없다. 붉은병정개미는 전투에서 이긴 뒤 번데기를 입에 물고 집으로 돌아간다.

언젠가 나는 정원 밖을 나서는 붉은병정개미의 행렬을 본 적이 있다. 무려 4미터 높이의 흙담을 넘어 밀밭으로 향하고 있었다. 붉은병정개미는 길이 험해도 신경 쓰지 않는다.

여기에서 신기한 것은, 붉은병정개미가 돌아가는 길은 언제나 정해져 있다는 점이다. 구부러진 길이든, 위험한 길이든, 지나갔던 길로 되돌아온다. 가는 길이 힘들거나 위험해도 붉은병정개미는 길을 절대 바꾸지 않는다.

한번은 개미 떼가 낙엽이 잔뜩 쌓인 곳을 지나게 되었다. 개미들은 이런 길을 마치 절벽이 이어진 것처럼 여길 것이다. 어떤 개미는 발이 미끄러져 낙엽 위에서 떨어지기도 하고, 낙엽에 매달려 기어 올라가기도 했다.

이렇게 험한 곳을 지나오느라 진땀을 뺀다. 하지만 돌아가는 길에는 무거운 짐을 지고 가기 마련이다. 그래도 굳이 그 험한 길을 다시 지나간다. 조금만 옆으로 비켜가면 평탄한 길이 있지만, 개미들은 그 길이 눈에 보이지 않는 모양이다.

어느 날, 나는 붉은병정개미들의 행군을 발견했다. 그 행렬은 내가 금붕어를 기르는 연못의 가장자리 시멘트 길을 따라 이어져 있었다. 때마침 돌풍이 불어왔다. 그 바람에 수많은 개미가 물에 빠지고 말았다. 물속에 있던 금붕어들은 '㉠ [   ]'(이라)며 달려들어 개미들을 사정없이 삼켜 버렸다. 이 길을 지나며 수많은 개미가 생명을 잃었다.

나는 개미들이 돌아올 때는 이 위험한 길을 피해서 다른 길을 선택할 것이라고 생각했다. 하지만 번데기를 입에 문 붉은병정개미 떼는 그 길로 돌아왔다. 덕분에 금붕어들은 개미에다가 번데기까지 쉽게 먹을 수 있었다.

* 행렬: 여럿이 줄지어 가는 것.
* 돌풍: 갑자기 세차게 부는 바람.

개미들이 밖으로 나갈 때마다 선택하는 길이 다르기 때문에 집으로 돌아오는 것은 쉬운 일이 아니다. 그래서 붉은병정개미들은 어쩔 수 없이 갔던 길로만 돌아오는 것 같았다.

사람들은 개미가 냄새를 맡아 길을 찾는다고 믿고 있다. 개미가 쉬지 않고 더듬이를 사용하는 것을 보고 냄새를 맡는다고 믿는 것이다. 하지만 나는 그런 생각에 찬성할 수 없었다.

[나]

그래서 나는 붉은병정개미가 길에 냄새를 남겨 두어, 그것을 따라 돌아온다는 생각을 뒤엎을 만한 실험을 하기로 했다.

나는 손녀 루시에게 개미 떼를 감시해 달라고 부탁했다. 어느 날, 서재에서 글을 쓰고 있는데 루시가 나를 불렀다.

붉은병정개미들이 반불개미 집을 공격하고 있었다. 루시는 붉은병정개미가 이동한 경로에 하얀 돌을 깔아 두었다. 얼마 뒤, 개미들이 그 돌이 놓인 길로 되돌아오기 시작했다.

나는 개미들이 냄새를 맡지 못하도록 빗자루로 흙을 쓸기도 하고, 지나가는 길에 군데군데 물을 뿌리거나 박하잎을 놓기도 했다. 하지만 ⓒ 신문지를 펴 놓았을 때 개미들이 더욱 당황했다. 또 누런 모래를 길에 뿌려 두었을 때도 개미들은 우왕좌왕했다. 즉, 길의 모습을 바꾸었을 때 가장 오래 방황했으며 길에 남긴 냄새 흔적을 맡으려는 태도는 별로 보이지 않았다.

붉은병정개미들이 길을 찾는 힘은 분명히 시력이었다. 후각이 아니었다. 길의 모양이 달라졌을 때마다 허둥거렸다는 사실이 이를 증명한다.

하지만 시력으로만 길을 찾아가는 것은 아니었다. 같은 반불개미 집을 2, 3일이 지난 뒤에도 망설임 없이 자신들이 지나갔던 길로 공격해 갔다.

이 실험으로 나는 개미들이 장소를 외우는 기억력이 있다는 사실을 알 수 있었다.

---

* 우왕좌왕했다: 이리저리, 왔다 갔다 하면서 결정을 내리지 못하고 망설였다.
* 허둥거렸다는: 어쩔 줄 몰라 갈팡질팡하며 급하게 서둘렀다는.

1 군대에서 사용하는 낱말입니다. 밑줄 친 낱말의 뜻풀이가 바르지 <u>않은</u> 것을 찾으세요. |어휘|

① 병정: 군인.

② 습격: 갑자기 상대방을 공격하는 것.

③ 행군: 병사들이 줄을 지어 먼 거리를 이동하는 일.

④ 전투태세: 한 나라가 다른 나라에 전쟁을 시작한다고 알리는 일.

⑤ 척후병: 작전에 필요한 정보를 얻으려고, 적의 상황을 몰래 살피는 병사.

2 ㉠에 들어갈 가장 알맞은 말을 고르세요. |어휘|

① 그림의 떡   ② 엎친 데 덮친다

③ 바람 앞의 등불   ④ 이게 웬 떡이냐

⑤ 마른하늘에 날벼락

3 개미 같은 곤충은 다음 같은 과정을 거쳐 어른벌레가 됩니다. 빈칸에 들어갈 낱말을 이 글에서 찾아 쓰세요. |배경지식|

4 다음 중 붉은병정개미의 특성이 <u>아닌</u> 것을 찾으세요. |내용 파악|

① 싸움을 잘한다.

② 갔던 길로 돌아온다.

③ 스스로는 먹이를 찾는 것이 서투르다.

④ 다른 개미집을 습격하여 번데기를 잡아 온다.

⑤ 자신의 새끼를 훌륭하게 키워 심부름꾼으로 쓴다.

5 붉은병정개미의 습격 과정입니다. 빈칸에 순서대로 번호를 쓰세요. | 내용 파악 |

① 반불개미 집에 도착해 굴속으로 들어간다.

② 행군 도중 방해물을 만나면 걸음을 멈추고 전투태세를 취한다.

③ 전투에 이긴 붉은병정개미는 반불개미의 번데기를 물고 집으로 돌아간다.

④ 해가 질 무렵 반불개미 집을 찾아 출동한다.

⑤ 붉은병정개미와 반불개미 사이에 전투가 벌어진다.

⑥ 척후병 개미들이 돌아와 안전을 확인하면 다시 행군한다.

④ → ② → ☐ → ☐ → ☐ → ③

6 개미의 모습을 나타낸 글입니다. 그림을 보고 빈칸에 알맞은 낱말을 쓰세요. | 배경지식 |

개미는 곤충이다. 곤충의 몸은 크게 머리, 가슴, ① ☐ 로 이루어져 있다.

머리의 큰턱은 상대를 공격할 때에 쓴다. ② ☐☐☐ 로는 냄새를

맡거나 앞에 무엇이 있는지를 만져 확인한다. 가슴에는 세 쌍의 다리가 있고, ①

☐ 안에는 내장이 들어 있다.

7 [나]의 내용으로 맞는 것에는 O, 틀린 것에는 X 하세요. | 내용 파악 |

① 개미들은 냄새로 길을 찾아갔다.   (   )

② 파브르는 개미집을 옮겨 놓는 실험을 해 보았다.   (   )

③ 손녀는 개미가 이동한 길에 하얀 돌을 깔아 두었다.   (   )

④ 파브르는 손녀에게 개미 떼를 감시하라고 부탁했다.   (   )

⑤ 붉은병정개미는 2, 3일이 지난 뒤에도 같은 길로 반불개미 집에 갔다. (   )

8 이 글을 읽고 독후감을 짧게 썼습니다. 빈칸에 알맞은 말을 쓰세요. | 내용 파악 |

> 붉은병정개미는 싸움밖에 할 줄 모른다. 새끼를 키울 줄도 모르고 먹이를 찾는 것도 서투르다. 심지어 바로 옆에 있는 물건도 못 찾아 ⬜⬜⬜⬜ 이 필요하다. 하지만 길을 외우는 ⬜⬜⬜ 이 있어 길을 잘 찾는다.
>
> 개미 같은 곤충도 길의 모습을 잘 봐 두었다가 올 때 기억해 내어, 갈 때와 같은 길로 돌아온다는 내용이 무척 신기했다.

9 밑줄 친 ⓛ과 같은 실험을 한 까닭은 무엇인가요? | 추론 |

① 개미는 냄새로 길을 찾는다는 것을 밝히려고.

② 개미는 더듬이로 길을 찾는다는 것을 밝히려고.

③ 개미는 시력이 매우 뛰어나다는 점을 밝히려고.

④ 개미는 신문지와 모래를 싫어한다는 것을 밝히려고.

⑤ 개미는 시각을 이용해 길을 찾는다는 것을 밝히려고.

구청장님께

안녕하세요. 저는 푸른초등학교 4학년 김현성입니다.

항상 구민들이 안전하고 편하게 살 수 있도록 ○○구를 위해 노력해 주셔서 감사합니다.

구청장님께 부탁드릴 것이 한 가지 있어서 이렇게 편지를 쓰게 되었습니다. 그 부탁은 바로, 저희 동네에 어린이 도서관을 세워 달라는 것입니다.

제가 사는 ○○구에도 ⊙ 구립 도서관이 있습니다. 하지만 그 도서관은 저희 집에서 너무 멀어 버스를 타고 한참 가야 합니다. 저와 제 친구들은 책을 좋아해서 자주 가고 싶은데 도서관이 멀어 주말밖에 갈 수 없습니다. 또 대출한 책을 반납하려면 그 먼 길을 다시 가야 해서 너무 힘이 듭니다.

물론 주변에 작은 도서관이 있습니다. 하지만 어린이 전용 도서관이 아니어서 불편한 점이 많습니다. 또 도서관이 작다 보니 우리 어린이들에게 필요한 책이 별로 없습니다. 게다가 학생들이 몰리는 방과 후 시간에는 앉을 곳이 없어서 서서 책을 봐야 합니다.

저희 동네에는 학교가 많습니다. 초등학교가 두 곳이나 있고, 중학교도 있습니다. 학생들이 편하게 책을 읽을 수 있도록 어린이 도서관을 지어 주시면 좋겠습니다.

늘 ○○구를 위해서 열심히 일해 주셔서 감사합니다. 감기 조심하시고 안녕히 계세요.

20○○년 ○월 ○○일
김현성 ⓛ ☐☐☐☐☐

* 작은 도서관: 시민들이 도서관에 쉽게 접근할 수 있도록 정부가 지원하는, 규모가 작은 도서관.

1 글쓴이의 주장을 한 문장으로 쓰세요. |주제|

_____

2 주장에 대한 까닭을 표로 정리했습니다. 빈칸에 알맞은 말을 쓰세요. |내용 파악|

까닭	(1) _____
	(2) 작은 도서관은 불편한 점이 많다.
	(3) _____

3 '구의 행정을 맡아보는 관청의 우두머리'라는 뜻을 지닌 낱말을 쓰세요. |어휘|

4 ㉠의 바른 뜻을 찾으세요. |어휘|

① 오래전에 세운 건물.

② 구청 건물에 딸려 있는 것.

③ 공공의 이익을 위해 주민들이 돈을 모아 세운 것.

④ 공공의 이익을 위해 구의 돈으로 세우고 관리하는 것.

⑤ 개인의 이익을 위해 개인의 돈으로 세우고 관리하는 것.

5 윗사람에게 편지를 보낼 때, 보내는 사람 이름 뒤에 쓰는 말입니다. ⓒ에 알맞은 낱말을 쓰세요. |어휘|

6 다음은 도서관에서 사용하는 낱말입니다. 뜻풀이가 <u>잘못된</u> 것을 찾으세요. |어휘|

① 대출: 책을 빌리는 일.

② 사서: 책을 맡아 관리하는 사람.

③ 연체: 빌린 물건을 잃어버린 일.

④ 반납: 빌린 물건을 돌려주는 일.

⑤ 서가: 책을 얹어 두거나 꽂아 두도록 만든 선반.

7 주장하는 글을 읽을 때 주의할 점으로 가장 알맞은 것을 찾으세요. |배경지식|

① 등장인물의 성격을 파악하며 읽는다.

② 글쓴이의 주장과 그 근거를 파악하며 읽는다.

③ 낱말과 문장 속에 감추어진 의미를 파악하며 읽는다.

④ 글쓴이가 전하려는 소식이 무엇인지 파악하며 읽는다.

⑤ 글쓴이의 주장이 옳다고 생각하며 그대로 받아들인다.

8 도서관에서 지켜야 할 예절을 <u>잘못</u> 알고 있는 사람을 찾으세요. |배경지식|

① 소연: 읽은 책은 책 수레에 올려놓거나 사서 선생님께 드려야 해.

② 진희: 자신이 찾는 책이 아니면 있던 자리에 잘 꽂아 놓아야 해.

③ 선경: 모두 함께 보는 책이니까 구겨지거나 찢어지지 않게 조심해야 해.

④ 정현: 빌린 책이지만 중요한 부분에는 밑줄을 그으며 꼼꼼히 읽어야 해.

⑤ 성균: 도서관에서는 책을 읽는 사람들에게 방해가 되지 않게 조용히 있어야 해.

　우리나라의 인구는 대부분 도시에 집중되어 있다. 특히 수도권에는 우리나라 전체 인구의 반이나 살고 있다. 사람들이 대도시로 몰리는 까닭은 일자리가 많고 교육 환경이 좋기 때문이다. 또 교통이 편리하고, 문화 시설이 다양하며, 병원, 백화점 같은 시설도 촌락에 비해 많아서다. 하지만 인구가 도시로 지나치게 집중하면 도시와 촌락에 모두 문제가 생긴다.

　현재 우리나라 도시에는 면적에 비해 너무 많은 사람이 모여 살고 있다. 그런 까닭으로 집이 부족해 집값이 오르고, 출퇴근 시간에 교통 체증이 생긴다. 또 자동차 배기가스와 생활 쓰레기로 인해 환경 오염이 발생한다.

　사람이 떠난 촌락도 문제가 심각하다. 촌락에는 젊은 사람들이 별로 없어서 일손이 부족하고, 학생 수가 줄어 폐교가 늘고 있다. 또 병원이나 상점 같은 시설도 대도시에 비해 부족한 상황이다.

　인구의 도시 집중으로 발생하는 문제를 해결하기 위해서는 국토를 균형 있게 발전시켜야 한다. 나라의 여러 기능이 대도시에 집중되는 것을 막고 지방 도시의 특성을 살려 기능을 분산한다면, 인구가 한곳으로 몰리는 현상을 줄일 수 있다. 신도시와 위성 도시를 개발해 대도시에 몰린 인구를 분산하는 것도 좋은 방법이다.

　또 촌락의 소득을 높일 수 있는 자원을 개발해야 한다. 지역의 특산물을 홍보하거나 농작물 품종을 개량하고, 아름다운 자연을 이용하여 관광 자원을 개발하는 등의 노력이 필요하다. 이렇게 하면 일자리가 늘어나 젊은 사람들을 촌락에 머물게 할 수 있다.

　마지막으로 도시와 촌락이 서로 협력하고 교류해야 한다. 도시와 촌락이 자매결연을 하거나 지역 축제에 함께 참여하는 것도 좋다. 직거래 장터 등으로 서로에게 도

* 수도권: 수도를 중심으로 이루어진 대도시권. 서울특별시와 인천광역시, 경기도가 해당한다.
* 직거래: 사는 사람과 파는 사람이 중간 상인을 거치지 않고 직접 거래하는 것.

움이 되는 활동을 해 나갈 수도 있다.

　사람들이 도시로 집중되는 현상을 막기 위해서 정부와 국민이 함께 노력해야 한다. 정부는 지역을 균형 있게 발전시키기 위해 일하고, 국민은 도시와 촌락을 서로 이해하려고 노력해야 한다.

1 이 글의 중심 생각을 찾으세요. | 주제 |

① 도시는 발전시키지 말자.　　　② 도시와 촌락의 인구 차이.

③ 지역 간의 갈등을 해소하자.　　④ 우리나라는 촌락을 개발하지 않는다.

⑤ 인구의 도시 집중 문제를 해결하자.

2 밑줄 친 말의 뜻이 바르지 <u>않은</u> 것을 찾으세요. | 어휘 |

① 폐교: 문을 닫은 학교.

② 분산: 나누어 흩어지게 하는 것.

③ 위성 도시: 대도시 주변에 만든 도시. 인구나 기업 등이 집중되지 않게 하려고 세움.

④ 개량: 없던 것을 새로 만듦.

⑤ 자매결연: 한 지역이나 단체가 다른 지역이나 단체와 교류하기 위해 관계를 맺는 일.

3 다음 중 이 글에 나오지 <u>않는</u> 내용은 무엇인가요? | 내용 파악 |

① 인구가 적어진 촌락의 문제.

② 인구가 많아진·대도시의 문제.

③ 사람들이 대도시로 몰리는 까닭.

④ 도시의 환경 오염을 방지하는 방법.

⑤ 인구가 도시로 집중되는 현상을 막기 위해 촌락이 해야 할 일.

4 빈칸을 채워 표를 완성하세요. **| 내용 파악 |**

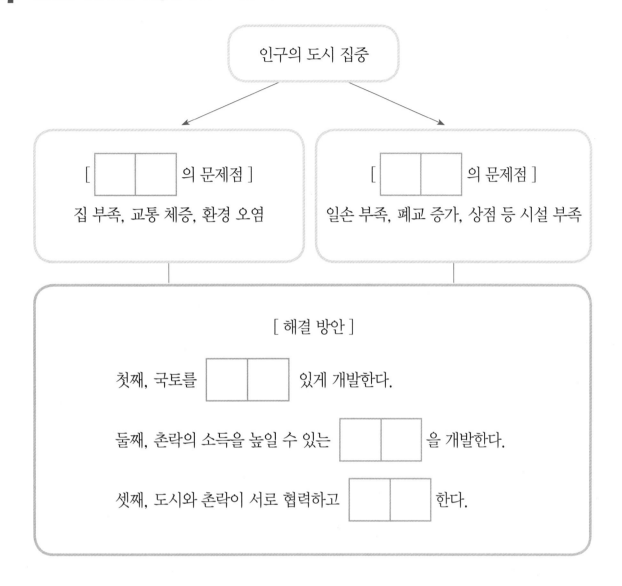

인구의 도시 집중

[☐☐ 의 문제점]
집 부족, 교통 체증, 환경 오염

[☐☐ 의 문제점]
일손 부족, 폐교 증가, 상점 등 시설 부족

[해결 방안]

첫째, 국토를 ☐☐ 있게 개발한다.

둘째, 촌락의 소득을 높일 수 있는 ☐☐ 을 개발한다.

셋째, 도시와 촌락이 서로 협력하고 ☐☐ 한다.

5 이 글과 가장 거리가 먼 이야기를 한 사람은 누구인가요? **| 적용 |**

① 동희: 촌락을 모두 위성 도시로 만들면 어떨까?

② 형민: 도시에서는 교통 체증뿐 아니라 주차 문제도 심각해.

③ 수정: 촌락에서는 그 지역의 특산물을 잘 알리는 방법을 연구해 보아야 해.

④ 찬용: 수도권에 몰린 시설을 여러 지방으로 옮기는 것도 방법이 될 수 있어.

⑤ 진우: 우리 할머니도 농촌에 사시는데 일손이 부족해서 농사가 힘들다고 하셨어.

선생님이나 부모님께서는 우리에게 책을 읽으라는 말씀을 자주 하신다. 학교에서 돌아오면 학원도 가야 하고, 숙제도 해야 한다. 그러다 보면 친구들과 어울려 놀 시간도 부족한데 부모님께서는 독서를 강조하신다. 그렇다면 우리는 왜 책을 읽어야 할까?

독서를 하면 다양한 지식을 쌓을 수 있다. 몰랐던 사실을 알게 되고, 알고 있던 것은 더 자세히 알게 된다. 예를 들어 〈화산은 어떻게 폭발하는가?〉라는 책을 읽고 나면 화산의 발생 과정, 화산 활동이 우리에게 주는 이로움 등 그동안 몰랐던 사실을 알 수 있다.

독서를 하면 사고력을 기를 수 있다. 우리는 문자로 된 책을 읽으면서 머릿속으로 책의 내용을 떠올리며 요약하고 정리한다. 또 책의 내용을 이해하면서 사고력을 기를 수 있다.

독서를 통해 교훈을 얻을 수 있다. 동화 속 인물이 사건을 해결하는 과정을 통해 올바른 삶의 태도와 지혜를 배울 수 있다. 또 인물 이야기를 읽으며 주인공이 어려움을 극복하고 성장하는 과정을 통해 교훈을 얻기도 한다.

그러면 독서를 잘하기 위해서는 어떤 독서 습관을 지녀야 할까?

첫째, 자기 수준에 맞는 책을 선택하여 읽는다. 아무리 좋은 책이라도 자기가 이해하지 못하는 내용은 도움이 되지 않는다. 자기 수준에 알맞은 책을 읽어야 독서에 재미를 느끼고 관심을 늘려 갈 수 있다.

둘째, 책을 꾸준히 읽는다. 무엇이든 꾸준히 해야 습관이 된다. 그러기 위해서 책 읽는 시간과 장소를 정해 놓는 것도 도움이 된다. 그렇게 책을 꾸준히 읽다 보면 책 읽기의 즐거움을 느끼고, 점차 깊이 있는 독서로 발전할 수 있다.

* 화산: 땅속에 있던 마그마가 땅 표면을 뚫고 나와 분출물이 쌓여 만들어진 지형.
* 교훈: 배우거나 본받을 만한 가르침.

셋째, 책을 골고루 읽는다. 자신이 좋아하는 한 분야의 책만 읽기보다는 역사, 과학, 문학, 음악, 미술, 인물 이야기 등 다양한 분야의 책을 읽는 것이 좋다. 그래야 폭넓은 시각을 갖게 되고, 다양한 지식을 얻을 수 있다.

　　독서는 즐거움을 줄 뿐 아니라, 지식을 얻게 하고 교훈까지 준다. 독서의 중요성을 깨닫고, 자신의 능력에 알맞은 책을 골라 꾸준히 독서하는 습관을 기르자.

1 이 글에서 가장 중심이 되는 낱말을 쓰세요. | 핵심어 |

2 '생각하는 힘'의 뜻을 지닌 낱말을 찾아 쓰세요. | 어휘 |

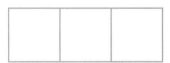

3 이 글의 내용과 다른 것을 찾으세요. | 내용 파악 |

① 책은 꾸준히 읽는 것이 좋다.

② 독서를 통해 지식을 쌓을 수 있다.

③ 한 분야의 책만 꾸준히 읽는 것이 좋다.

④ 자신의 수준에 맞는 책을 선택하여 읽는다.

⑤ 책 속의 인물을 통해 삶의 교훈을 얻을 수 있다.

4 빈칸을 채워 표를 완성하세요. | 내용 파악 |

주장	독서를 하자
이유	1. 독서를 하면 지식을 쌓을 수 있다.
	2.
	3.
실천 방법	1.
	2.
	3. 책을 골고루 읽는다.

5 독서와 관련된 명언입니다. 설명을 읽고, 누가 한 말인지 찾으세요. | 배경지식 |

> "하루라도 책을 읽지 않으면 입안에 가시가 돋는다"
>
> 독서를 하지 않으면 지식이 쌓이지 않아, 입에서 가시 돋친 말(남에게 상처를 주는 말)을 하게 된다는 뜻이다.
>
> 이 말을 한 사람은 우리나라의 독립운동가다. 그는 1909년 이토 히로부미를 총살하여 사형 선고를 받았다. 사형 당일, 사형 집행인이 소원을 묻자, "5분만 시간을 주십시오. 책을 다 읽지 못했습니다." 하고 말했다. 그는 5분 동안 읽던 책을 다 읽고, 사형 집행인에게 고맙다는 인사를 하고 세상을 떠났다.

① 안중근　　② 유관순　　③ 김구　　④ 윤봉길　　⑤ 윤동주

6 올바른 독서 습관을 잘못 이해한 사람은 누구인가요? | 적용 |

① 지원: 날마다 1교시 시작 전에 10분씩 책을 읽는 게 좋겠어.

② 무성: 너무 어려운 책보다 내 수준에 맞는 책부터 읽어야겠어.

③ 수연: 쉬운 책부터 시작해서 점차 수준을 높여 가며 책을 읽어야겠어.

④ 준석: 한 분야의 책만 읽기보다 다양한 분야의 책을 읽는 것이 좋겠어.

⑤ 혜원: 내가 책을 잘못 선택할 수 있으니까 어머니께서 골라 주신 책만 읽는 게 좋아.

7 독서의 네 가지 방법에 대한 설명입니다. 알맞은 것을 찾아 쓰세요. | 배경지식 |

속독	통독	정독	다독

(1) 책의 전체 내용을 파악하는 것에 중점을 두고, 처음부터 끝까지 훑어 읽는 방법.

→ 은수는 '정약용'의 전기를 읽으면서 대강의 줄거리를 파악했다.

(2) 책을 빨리 읽는 방법.

→ 형은 한 시간 만에 소설책 한 권을 다 읽었다.

(3) 책을 많이 읽는 방법.

→ 책벌레로 소문난 가영이는 일주일에 20권이나 읽었다.

(4) 뜻을 정확히 파악하며 꼼꼼히 읽는 방법.

→ 준영이는 곤충에 대해 알고 싶어 〈곤충도감〉을 꼼꼼히 반복해서 읽었다.

[가]는 텔레비전 광고의 대본이고, [나]는 [가]의 텔레비전 광고를 본 형제가 나눈 대화다.

[가]

(인기 가수 김성현과 신미나가 함께 무대에서 춤추며 노래한다.)

노래: 나는 시원한 게 좋아. 미지근한 물도, ㉠미지근한 사람도 나는 싫어. 시원하고 톡 쏘는 게 좋아.

김성현, 신미나: (둘 다 목을 쥐고 자리에 쓰러진다.)

김성현: 아, 더워! 너무 목말라! 목이 타들어 가는 것 같아!

신미나: 온몸을 시원하게 해 줄 게 없을까?

모든 관객이 '아이차 사이다'를 들고 크게 외친다.

노래: 온몸을 시원하게 만드는, 맛있고 짜릿한 아이차 사이다!
아이차 사이다! 아이차 사이다!

(관객 두 명이 달려와 아이차 사이다를 내민다.)

(김성현과 신미나, 아이차 사이다를 시원하게 마시더니 벌떡 일어난다.)

김성현, 신미나: 아, 시원해! 타는 듯이 목이 마를 때, 시원하게 갈증을 풀어 주는
아이차 사이다! 우리는 언제나 아이차 사이다만 마셔요!

(김성현과 신미나, 아이차 사이다를 들고 엄지손가락을 세운 뒤 다시 마이크를 잡

* 갈증: 목이 말라서 물을 마시고 싶은 느낌.

고 노래한다.)

노래: 나는 시원한 게 좋아. 목이 마를 때는 언제나 제일음료의 아이차 사이다!

[나]

동생: (광고를 다 보고 나서) 나도 목이 마르면 항상 아이차 사이다를 사 마셔. 형은 어때?

형: 난 아니야. 그런데 넌 왜 그것만 마셔? 다른 음료수도 많잖아.

동생: 이름부터 '아이차 사이다' 잖아. 제일 차갑고 시원한 음료수야.

형: 아니야. 이름만 그런 거야. 같은 냉장고에 들어 있으면 다른 사이다도 똑같이 시원하지.

동생: 광고에서 사람들이 아이차 사이다가 더 시원하고 짜릿하다잖아.

형: 그 사람들은 대본대로 연기하는 거야. 내가 마셔 보니까 다른 사이다보다 짜릿한 것도 모르겠더라. 다른 것과 비슷하던데?

동생: 그래도 제일음료는 우리나라에서 음료수를 가장 잘 만드는 회사잖아.

형: 그건 이름만 그런 거지. 회사 이름이 '제일음료'라고 해서 우리나라에서 음료를 제일 잘 만든다는 건 아니야.

동생: (화를 내며) 내가 좋아하는 김성현 형이랑 신미나 누나가 시원하다잖아. 그러니까 나도 당연히 아이차 사이다를 마시는 거야.

형: 그럼 너는 연예인 때문에 마시는 거구나?

동생: 나만 그런 게 아니야. 내 친구들도 다 아이차 사이다를 마셔.

형: 그 두 사람은 회사에서 돈을 받고 광고 모델을 하는 거야. 그 사이다가 시원하고 짜릿한 것과는 관계가 없어.

1 [가]에서 전달하는 '아이차 사이다'의 특징이 <u>아닌</u> 것을 찾으세요. **| 내용 파악 |**

① 아이차 사이다는 맛있고 짜릿하다.

② 아이차 사이다는 얼음보다 차갑다.

③ 아이차 사이다는 갈증을 풀어 준다.

④ 아이차 사이다는 제일음료에서 만든다.

⑤ 아이차 사이다는 온몸을 시원하게 한다.

2 [나]에서 동생이 '아이차 사이다'를 마시는 까닭이 <u>아닌</u> 것을 고르세요. **| 내용 파악 |**

① 좋아하는 연예인이 광고해서.

② 광고에서 사람들이 시원하고 짜릿하다고 해서.

③ 사이다 이름을 보고 제일 시원하다고 생각해서.

④ 제일음료가 음료수를 가장 잘 만든다고 생각해서.

⑤ 친구들이 마시는 것과는 다른 음료수를 먹으려고.

3 다음 중 ㉠에 가장 가까운 사람은 누구일까요? **| 추론 |**

① 친절한 사람.   ② 미지근한 물을 좋아하는 사람.

③ 화를 많이 내는 사람.   ④ 체온이 낮지도, 높지도 않은 사람.

⑤ 모든 일에 열정을 쏟지 않고 대충 하는 사람.

4 [가]와 같은 광고를 무엇이라고 할까요? **| 배경지식 |**

① 기업 이미지 광고   ② 상품 광고   ③ 공익 광고

④ 정치 광고   ⑤ 안내 광고

5 제일음료는 사이다의 이름을 왜 '아이차'로 지었을까요? **| 추론 |**

① 차갑다는 점을 강조하려고.

② 맛있다는 점을 강조하려고.

③ 양이 많다는 점을 강조하려고.

④ 가격이 싸다는 점을 강조하려고.

⑤ 김성현과 신미나가 마신다는 점을 강조하려고.

6 다음 설명을 읽고, 알맞은 것끼리 줄로 이으세요. **| 적용 |**

> 광고에는 사실만을 나타내야 한다. 제품의 특징을 잘 드러내야 하지만 그것을 지나치게 부풀려 나타내거나 사실이 아닌 것을 사실처럼 나타내서는 안 된다. 제품의 특징을 부풀려 나타내는 광고를 '과장 광고', 없는 것을 있는 것처럼 나타내는 광고를 '허위 광고'라 한다. 이렇게 허위나 과장이 담긴 광고는, 공정거래위원회나 한국인터넷광고재단에 신고할 수 있다.

(1)
아이차 사이다
"한 모금만 마셔도 온몸이 시원해져요." •

• 과장 광고

(2)
우등생 연필
"연필이 문제의 정답을 알아서 맞혀요." •

(3)
일등 수학
"이 문제집만 풀면 수학에서
백점을 받을 수 있어요." •

• 허위 광고

  이 글은 제2차 세계 대전 당시 독일군을 피해 숨어 살아야 했던 유대인 소녀 안네 프랑크의 일기다. 안네는 열세 살, 생일 선물로 받은 일기장에 일기를 쓰기 시작했다. 1942년 6월 12일부터 독일군에게 발각되기까지, 2년이 넘는 기간을 숨어 지내며 겪은 일들을 일기에 기록했다. 1944년 8월, 독일군에게 발각된 안네는 아우슈비츠 수용소로 끌려가 1945년 3월경 사망했다. 안네가 쓴 일기는 전쟁이 끝난 후, 홀로 살아남은 아버지가 책으로 출판했다.

[가]

1942년 6월 20일 토요일

  요사이 며칠 동안 아무것도 쓰지 않았어. 왜냐하면, 무엇보다도 먼저 일기를 쓴다는 사실에 대해 생각해 보고 싶었기 때문이야. 나 같은 사람이 일기를 쓴다니 왠지 좀 우습다는 생각이 들었어. 지금까지 일기를 쓴 적이 없었고, 나 자신은 물론이고 다른 어떤 사람도 열세 살 여학생의 고백 따위엔 흥미가 없을 테니까. 하지만 그래도 괜찮아. 나는 일기를 쓰고 싶으니까. 내 마음속 깊이 숨어 있는 모든 비밀을 다 털어놓고 싶어. 이것이 바로 내가 일기를 쓰기 시작하게 된 이유야. 앞으로 이 일기장을 내 마음의 친구로 삼고, 내 친구 '키티'라고 부르겠어.

[나]

1942년 10월 9일 금요일

키티, 바깥세상에서는 수많은 유대인이 한꺼번에 끌려가고 있어. 그 사람들은 가

* 유대인: 이스라엘 말을 쓰고, 유대교(유대인이 믿는 종교. 하나님을 믿고, 모세의 법을 따른다)를 믿는 민족.
* 발각: 숨겨온 것이 드러나는 것.

축을 운반하는 트럭에 실려서 유대인 수용소로 보내진다고 해. 그곳에는 **먹을 것은** 커녕 마실 물도 없고, 화장실과 세면장이 천 명 당 하나밖에 없대. 남자든 여자든 모두 섞여 자고, 여자와 어린아이 할 것 없이 모두 머리를 밀어 버린다고 하더라. 그곳에서 도망치는 것은 불가능하대. 도망친다고 해도 모두 머리를 밀었으니 금방 **눈에** 띄니까 말이야.

ㄱ 영국 방송은 독일군이 독가스를 이용해 유대인을 학살하고 있다고 **보도했어.** 아마 그게 가장 빠르게 사람을 죽이는 방법이라고 생각했나 **봐.**

너는 **인질**이라는 말을 들은 적이 있니? 독일군이 저지른 **행동에** 대해 **저항하는 뜻**으로 공장을 파괴하는 사람들을 잡기 위해 만들어진 말이야. 만약 ㄴ 범인을 찾아내지 못하면 독일군은 인질 대여섯 명을 한꺼번에 총살해 버려. 독일인과 유대인은 함께 살 수 없는 원수인 모양이야.

[다]

1943년 1월 13일 수요일

오늘 아침에는 마음이 불안해서 아무것도 제대로 할 수 없었어. 바깥세상은 여전히 끔찍한 상태야. 우리 가족은 숨어 지내지만, 다른 유대인들은 독일군에게 이리저리 끌려다니고 있어. 나중에는 가족들마저 뿔뿔이 흩어진대.

밤이면 비행기 수백 대가 이곳 네덜란드를 지나 독일로 날아가고 있어. 독일의 도시들이 **폭격**으로 잿더미가 되었다고 하고, 소련과 아프리카에서도 날마다 수많은 사람이 죽어가고 있대. 전 세계가 전쟁의 한가운데에 있고, 전세가 연합군에 유리해지고 있다고 하지만 아직 끝은 보이지 않아.

창문으로 내다보면, 이렇게 추운 날에도 아이들은 얇은 옷에 슬리퍼를 신고, 시

* 학살: 사람을 잔인하게 죽이는 짓.
* 소련: 1917~1991년까지 유라시아(유럽과 아시아) 북쪽에 있던 연방제 사회주의 국가. 1991년 사회주의가 붕괴되고 연방(여러 국가가 공통의 정치 이념 아래 결합해 만든 국가)이 해체되었다.
* 전세: 전쟁이나 경기의 형편.
* 연합군: 여러 나라 군대가 합쳐서 이룬 군대.

들어 버린 홍당무를 먹으며 굶주림을 달래고 있어. 추운 집에서 나오면 추운 길에서 헤매고, 학교에는 더 추운 교실이 기다리고 있지. 전쟁의 비참함에 대해 계속 얘기할 수 있지만, 그렇게 해 봤자 내 마음만 아플 뿐이야. 그저 전쟁이 끝나고 평화가 오기만을 바라고 있단다.

[라]

1944년 4월 3일 월요일

키티, 우리가 사는 은신처의 식량 사정이 점점 나빠지고 있어. 여기에 오고 나서 21개월 동안, 우리는 헤아릴 수 없을 정도로 많은 '식량 주기'를 경험했어. 이것은 어느 특정한 요리나 한 종류의 채소만 계속해서 먹는 상태를 말해. 예를 들면 오랫동안 상추만 먹게 된 적이 있었는데 그때는 아침에도 저녁에도 아무 요리도 하지 않은 상추나 데친 상추 등 상추만 먹었어. 그러다가 다음은 시금치, 오이, 토마토, 소금에 절인 양배추 등의 순서로 식량 주기가 계속되었어.

빵이 부족해서 대신 감자를 아침부터 저녁까지 먹고 있어. 저녁 식사에는 고기를 대신해 감자와 붉은 샐러드를 먹는단다. 그리고 경단 같은 것이 있는데 이것은 배급받은 밀가루에 물과 이스트를 넣고 반죽해서 만든 거야. 너무 딱딱해서 마치 돌을 씹는 것 같아. 그래도 우리는 아직 살아 있고, 이렇게 형편없는 식사나마 거르지 않고 먹을 수 있으니 감사해야겠지?

* 주기: 한 번 일어난 일이 다시 나타나기까지의 동안.
* 경단: 찹쌀가루를 반죽하여 둥글게 빚어 삶은 뒤에 콩가루, 깨, 엿 등을 묻힌 떡.
* 배급: 물건이나 먹을거리를 여러 사람에게 나누어 주는 것.
* 이스트: 빵을 만들 때 넣는 것. 밀가루 반죽을 부풀리는 역할을 한다.

1 글에 나오는 '키티'는 누구인가요? | 내용 파악 |

① 안네 프랑크   ② 유대인   ③ 안네의 언니

④ 안네의 일기장   ⑤ 안네의 동생

2 글쓴이가 일기를 쓰기 시작한 까닭은 무엇인가요? | 내용 파악 |

_____

3 다음 중 낱말 풀이가 <u>잘못된</u> 것을 고르세요. | 어휘 |

① 수용소: 사람들을 한곳에 모아 두거나 가두어 두는 곳.

② 인질: 자기의 요구를 들어주지 않으면 해치겠다고 위협하며 강제로 붙잡아 둔 사람.

③ 저항: 어떤 힘에 눌려서 자기의 뜻을 굽히고 남을 따르는 것.

④ 폭격: 비행기에서 폭탄을 떨어뜨려서 공격하는 일.

⑤ 은신처: 남의 눈을 피해 몸을 숨긴 장소.

4 [나]에 나타난 글쓴이의 심정으로 알맞지 <u>않은</u> 것을 고르세요. | 추론 |

① 두려움　　　　　　② 우울함

③ 창피함　　　　　　④ 슬픔

⑤ 괴로움

5 [나]의 ㉠과 ㉡을 통해 알 수 있는 것은 무엇인가요? | 추론 |

① 피난길의 어려움.

② 독일군의 잔인함.

③ 유대인이 잘못한 점.

④ 숨어서 생활하는 어려움.

⑤ 당시에 전쟁이 일어난 이유.

6 [다]에서 글쓴이가 처한 상황으로 알맞은 것을 고르세요. | 내용 파악 |

① 가족을 모두 잃었다.

② 풍족하게 살고 있다.

③ 죄를 지어 감옥에 갇혀 있다.

④ 가족이 독일군에게 잡혀갔다.

⑤ 독일군을 피해 숨어 지내고 있다.

7 안네 가족이 숨어 있던 곳은 어느 나라인가요? [다]에서 찾아 쓰세요. | 내용 파악 |

_____

8 다음 설명을 읽고 안네가 일기에 남긴 시대 상황을 찾으세요. | 내용 파악 |

> 1939년부터 1945년까지 세계 곳곳에서 일어난 전쟁이다. 1939년 9월 1일, 독일군이 폴란드를 침략하면서 시작되었다. 독일, 이탈리아, 일본 등이 중심이 된 추축국과 영국, 프랑스, 미국, 소련(현재 러시아) 등이 중심이 된 연합국으로 나뉘어 전쟁을 벌였다. 히틀러의 유대인 차별로 수많은 유대인이 목숨을 잃었다. 당시 일본의 식민지였던 우리나라도 큰 피해를 받았다. 독일, 이탈리아, 일본이 항복하면서 이 전쟁은 끝이 났다.
>
> * 추축국: 독일, 이탈리아, 일본을 지지하며 연합국과 대립한 여러 나라.
> * 연합국: 목적을 이루려고 힘을 합친 여러 나라.

① 종교 전쟁   ② 걸프 전쟁   ③ 제1차 세계 대전

④ 제2차 세계 대전   ⑤ 제3차 세계 대전

9 이 글의 내용과 가장 어울리지 <u>않는</u> 말을 한 사람은 누구인가요?　┃감상┃

① 선미: 안네는 자신의 비밀을 일기에 다 털어놓았어. 누구에게도 말하지 못했던 것을 일기에 적으면서 위로받았을 거야.

② 준호: 아무런 죄가 없는데 유대인이라는 이유로 학살당하거나 숨어 지내야 했다니 얼마나 힘들었을까?

③ 지현: 학교도 못 가고 친구들과 놀지도 못한 채 갇혀서 지냈으니 안네는 얼마나 답답하고 심심했을까?

④ 석민: 자신의 생각을 적은 것이 일기잖아. 그런데 안네의 일기는 많은 사람이 보게 되었어. 이 사실을 알면 안네의 기분은 좋지 않을 거야.

⑤ 준영: 사람은 종교, 성별, 인종과 관계없이 존중받아야 해. 유대인이라는 이유로 차별을 하고 목숨을 빼앗는 것은 정말 잘못된 행동이야.

10 다음 두 내용에서 알 수 있는 공통된 생각은 무엇인가요?　┃추론┃

> ㉮ 독일 나치 정권은 독일 민족이 세상에서 제일 우월하다고 주장했다. 그 외에는 모두 열등한 민족인데, 그중 유대인을 가장 나쁘게 생각했다. 그래서 독일인과 유대인의 결혼을 금지했고, 유대인이 장사를 하거나 일하는 것도 막았다. 전쟁 중에는 수많은 유대인이 강제 수용소로 보내져 죽임을 당했다.
>
> ㉯ 1800년대 미국 남부 사람들은 아프리카에서 흑인을 데려와 노예로 부렸다. 백인들은 흑인을 야만적 인종이라고 생각했고, 노예로 부리는 것을 당연하다고 생각했다. 1865년 남북전쟁 이후 노예 제도는 폐지되었다. 하지만 그 이후로도 여전히 흑인들을 노예 취급하였고, 오랜 시간 흑인에게는 투표권도 주지 않았다.

① 민족주의　　　　② 인종 차별주의　　　　③ 개인주의

④ 이타주의　　　　⑤ 식민주의

다음은 음악가 루트비히 판 베토벤에 관한 글이다. [가]에는 베토벤의 일생을 요약했다. [나]에는 베토벤의 어린 시절, [다]와 [라]에는 성인 시절의 이야기를 담았다.

[가]

베토벤은 1770년 독일 본에서 태어났다. 베토벤의 할아버지와 아버지는 모두 음악가였다. 베토벤이 어렸을 때, 유럽에서는 음악 신동 모차르트가 이름을 널리 떨치고 있었다. 아버지는 베토벤을 제2의 모차르트로 만들기 위해 어릴 때부터 엄격하게 교육했다. 그 결과, 8살 때 첫 피아노 연주회를 성공적으로 치렀고, 아홉 살 무렵에는 스승 네페를 만나 악보 쓰는 법과 음악 이론을 배웠다. 열네 살 때는 궁정 오르간 연주자가 되어 명성을 얻었고, 22살 때는 당시 최고의 음악가인 하이든에게 음악을 배웠다. 그 뒤, 베토벤은 피아니스트로서 인정을 받고 인기를 얻었다.

30살 무렵부터 차츰 귀가 안 들리기 시작하여, 한때 죽을 결심을 하는 등 방황하기도 했다. 하지만 베토벤은 고통을 이겨 내고 작곡에 전념하며 〈영웅〉, 〈운명〉, 〈월광〉 등 수많은 걸작을 만들었다. 소리를 전혀 들을 수 없던 54살 때도 교향곡 제9번 〈합창〉을 완성하고, 연주회에서 지휘를 했다. 건강이 나빠진 베토벤은 1827년, 57세에 세상을 떠났다.

[나]

아버지는 베토벤이 네 살 되던 해부터 쳄발로를 가르쳤다.

"할아버지는 궁정 악장이셨고 아버지도 궁정 가수다. 너도 그 재능을 물려받았으니 반드시 훌륭한 음악가가 될 거야!"

---

* 유럽: 지구에 있는 여섯 대륙(아시아, 아프리카, 유럽, 오세아니아, 남아메리카, 북아메리카) 중의 하나. 영국, 프랑스, 독일, 이탈리아 같은 나라가 있다.

베토벤을 모차르트처럼 천재 음악가로 키우고 싶었던 아버지는, 어린 베토벤에게 쳄발로 치는 법을 혹독하게 연습시켰다. 연주가 조금만 틀려도 밖에 나가지 못하게 할 정도였다.

그러나 시간이 흐르면서 베토벤은 연주를 즐기게 되었다. 처음에는 아버지의 강요로 시작했지만, 나중에는 누가 시키지 않아도 쳄발로를 연주했다. 어린 베토벤은 쳄발로를 치며 음악에서 위안을 받고 즐거움을 찾아갔다.

베토벤의 연주 실력은 하루가 다르게 좋아졌다. 열한 살이 된 베토벤은 작곡가이자 궁정의 오르간 연주자이며 지휘자인 네페에게 음악가로서 전문적인 교육을 받았다. 네페에게 작곡을 배우면서 베토벤은 몇 작품을 작곡해 출판하는 등 탁월한 실력을 갖춘 음악가로 성장해 나갔다.

열일곱 살 되던 해에는 음악 공부를 위해 모차르트를 찾아갔다. 하지만 모차르트가 작곡하느라 바빠서 많은 시간을 함께하지는 못했다. 그러나 베토벤의 즉흥 연주를 들은 뒤 그의 재능을 알아보고, 친구들에게 '이 젊은이는 장차 위대한 인물이 될 것'이라고 이야기했다.

[다]

피아노 연주부터 작곡까지 베토벤은 최고의 음악가로 성공을 거두었다. 그런데 어느 날부터 귀가 아프더니 점차 소리까지 들리지 않게 되었다.

음악가로서 소리를 듣지 못한다는 것은 상상도 할 수 없는 일이었다. 베토벤은 의사를 찾아가 치료를 받았지만, 청력은 나아지지 않았다. 절망에 빠진 베토벤은 소리를 들을 수 없다는 것이 사람들에게 알려질까 봐 두려웠다. 그래서 사람들을 만나지 않고 집에서 지냈다. 그러다 의사 친구에게 편지를 보냈다.

* 쳄발로: 피아노처럼 생긴 건반 악기. 모양은 피아노와 비슷하지만 소리 내는 방식이 다르다.
* 악장: 연주 단체의 우두머리.
* 혹독하게: 매우 심하게.
* 즉흥 연주: 자신의 느낌에 따라 곡을 그 자리에서 만들어 내어서 하는 연주.
* 청력: 귀로 소리를 듣는 능력.

"내 귀는 3년 전부터 점점 안 들리기 시작했네. 다른 사람에게 내 귀가 들리지 않는다고 말할 수는 없네. 다른 직업이면 몰라도 음악가인 내게는 치명적인 일이라네. 극장에서 연습할 때 조금 떨어져 있으면 악기나 사람들의 목소리가 전혀 들리지 않네. 그래서 오케스트라의 바로 옆에 앉지 않으면 일을 할 수 없네. 하지만 나는 예술에 정진하고 그것을 발표하는 일이 가장 즐겁네. 나는 음악을 하면 강해지고, 인생의 아름다움과 즐거움을 느낄 수 있다네."

베토벤은 점차 청력을 잃어 갔다. 게다가 베토벤을 후원하던 귀족들이 파산해서 경제적인 어려움도 겪었다. 하지만 베토벤은 자신에게 닥친 시련에 굴복하지 않고 좋은 곡을 발표했다. 교향곡 제3번 〈영웅〉, 제5번 〈운명〉, 제6번 〈전원〉 등 수많은 명곡이 이때 만들어졌다.

[라]

1824년 4월 베토벤은 교향곡 제9번 〈합창〉을 완성했다. 이 곡은 베토벤의 마지막 작품으로, 극장에서 베토벤이 직접 지휘하여 연주되었다.

웅장하고 아름다운 〈합창〉 교향곡의 연주가 끝나자, 사람들은 가슴 벅찬 감동에 모두 일어서서 힘찬 박수를 보냈다. 그런데 베토벤은 그대로 오케스트라 단원들을 향한 채 우두커니 서 있었다. ㉠[   ] 때문이었다.

누군가 베토벤에게 다가와 청중을 볼 수 있도록 그의 몸을 돌려주었다. 그제야 베토벤은 사람들이 일어서서 자기에게 박수를 보내는 모습을 보고 한 손을 들어 답례했다. 그런 베토벤의 모습에 안타까워 사람들은 눈물을 흘렸다. 베토벤의 뺨 위로 뜨거운 눈물이 흘러내렸다.

사람들은 고난을 이겨 내고 수많은 명곡을 만든 그에게 '악성'이라는 칭호를 붙였다.

* 오케스트라: 관악기, 현악기, 타악기를 조화시켜 연주하는 단체.
* 정진하고: 정성을 다하여 노력하고.
* 파산: 재산을 모두 잃는 것.
* 명곡: 매우 잘 만들어 널리 이름난 곡.
* 고난: 괴로움과 어려움.
* 청중: 음악이나 연설 따위를 들으려고 모인 사람들.
* 악성: '위대한 음악가'를 높여 이르는 말.

1 이 글은 누구에 관한 글인가요? |핵심어|

2 [가]에서, 밑줄 친 낱말의 풀이로 바르지 <u>않은</u> 것을 고르세요. |어휘|

① 신동: 재주가 뛰어난 아이.

② 궁정: 궁궐 안에 있는 교회.

③ 명성: 널리 알려지고 칭찬을 받는 이름.

④ 걸작: 매우 뛰어난 예술 작품.

⑤ 교향곡: 관악기, 타악기, 현악기 들로 함께 연주하려고 만든 긴 곡.

3 이 글의 내용과 같은 것을 고르세요. |내용 파악|

① 독일 본에서 무용가의 아들로 태어났다.

② 아버지는 베토벤에게 바이올린 연주를 가르쳤다.

③ 베토벤은 청력을 잃은 후에도 좋은 곡을 발표했다.

④ 아버지는 베토벤을 제2의 하이든으로 만들려고 했다.

⑤ 베토벤은 연주자로는 성공했지만, 작곡가로는 실패했다.

4 [라]의 ㉠에 들어갈 내용으로 가장 알맞은 것을 고르세요. |추론|

① 지휘하느라 지쳤기   ② 관객을 보기 두려웠기

③ 연주가 끝난 줄 몰랐기   ④ 단원들이 자랑스러웠기

⑤ 박수 소리가 들리지 않았기

5 빈칸을 채워 베토벤의 일생을 정리하세요. | 내용 파악 |

1770년	독일 본에서 태어났다.
1778년	8살 때, 첫 피아노 (　　　　　)를 치렀다.
1779년	9살 무렵, 스승 (　　　　　)에게 악보 쓰는 법과 음악 이론을 배웠다.
1792년	22살 때, 음악가 (　　　　　)의 제자가 되었다.
1800년	30살 무렵 (　　　　　)가 안 들리기 시작했다.
1824년	54살 때, 교향곡 제9번 (　　　　　)을 만들고, 지휘를 하였다.

6 이 글을 읽고, 우리가 배우거나 느낄 수 있는 점을 고르세요. | 주제 |

① 베토벤은 음악으로 신체적 고통을 이겨 냈다.

② 베토벤은 자신의 약점을 알리지 못하는 속 좁은 사람이다.

③ 베토벤은 자신의 불행을 원망하며 살았던 나약한 사람이었다.

④ 베토벤은 자신의 몸을 잘 돌보지 못할 정도로 어리석은 사람이었다.

⑤ 베토벤은 귀가 들리지 않는 점을 이용해 자신이 만든 곡을 사람들에게 널리 알렸다.

7 베토벤이 훌륭한 작곡가가 될 수 있었던 까닭이 <u>아닌</u> 것은 무엇인가요? | 추론 |

① 음악에 대한 열정과 노력.

② 끊임없는 악기 연주 연습.

③ 음악가였던 할아버지와 아버지의 영향.

④ 어려움 앞에 굴복하지 않는 강인한 의지.

⑤ 귀가 안 들리는 사실을 사람들에게 숨긴 일.

8 다음 중 베토벤과 비슷한 과정을 겪은 사람은 누구인가요? |적용|

① 훌륭한 운동선수였지만 다친 뒤 은퇴한 이대로 씨.

② 다른 사람의 음악을 그대로 베껴 곡을 만든 감추자 씨.

③ 유명 가수의 외모와 목소리를 흉내 내는 모창 가수 노래해 씨.

④ 사고로 손가락을 잃었지만, 입으로 그림을 그려 성공한 화가 이승리 씨.

⑤ 데뷔 때부터 발표하는 노래는 항상 인기 순위에 오르는 가수 최고야 씨.

9 베토벤의 작품으로 서로 관계있는 것끼리 짝지으세요. |배경지식|

(1) 〈운명 교향곡〉 •   • 달빛을 보며 만든 곡.

(2) 〈월광 소나타〉 •   • 자연의 모습을 담은 곡.

(3) 〈전원 교향곡〉 •   • 고난을 극복하는 인간의 의지와
                                                   기쁨을 나타낸 곡.

10 다음 글에서 설명하는 사람은 누구인가요? |배경지식|

> 1797년 오스트리아에서 태어났다. 〈마왕〉, 〈들장미〉, 〈자장가〉 등 600곡이 넘는 가곡을 남겨 '가곡의 왕'이라고 불린다. 베토벤은 이 사람의 악보를 보고, "대단한 재능이군. 머지않아 전 세계에 이름을 떨칠 걸세." 하고 말했다. 베토벤이 죽은 지 1년 후, 31세라는 젊은 나이에 세상을 떠났다. 베토벤을 무척 존경하였던 그는, 자신이 죽은 후에 베토벤의 곁에 묻어 달라는 유언을 남겼다.
>
> * 가곡: 시에 음을 붙여 만든 노래.

① 피카소   ② 하이든   ③ 슈베르트

④ 슈바이처   ⑤ 모차르트

다음은 의사 장기려의 삶에 대한 글이다.

[가]에는 장기려의 삶을 요약했다. [나], [다], [라]에는 장기려의 삶의 태도를 엿볼 수 있는 부분을 실었다.

[가]

장기려는 1911년 평안북도에서 태어났다. 의사가 되고 싶었던 장기려는 열심히 공부하여 의과 대학에 입학한 후, 수석으로 졸업했다. 스승 백인제 교수는 장기려에게 교수의 길을 제안했다. 하지만 장기려는 '가난하고 불쌍한 환자들의 의사가 되겠다'라는 자신의 다짐대로 평양의 한 병원으로 가서 가난한 환자들을 돌보았다.

1950년 6월, ㉠ [＿＿＿＿＿] 이 일어났다. 장기려는 남한군, 북한군 관계없이 부상병을 치료했다. 그러다 피란을 결심하고, 아내와 5남매를 먼저 남쪽으로 보냈다. 그리고 자신은 둘째 아들과 함께 남쪽으로 내려왔다. 하지만 아내와 다섯 아이는 길이 막혀 남쪽으로 내려오지 못했다. 그 후, 장기려는 죽는 날까지 북쪽에 남은 가족을 만날 수 없었다.

부산에 내려온 장기려는 여전히 가난한 환자들을 돌보았다. 전영창의 도움으로 설립한 복음병원에서 소외된 사람들을 무료로 치료했다. 장기려는 가난한 환자의 수술비를 대신 내주기도 하고, 밤에 몰래 병원 문을 열어 돈이 없는 환자를 탈출시키기도 했다. 그러나 혼자만의 힘으로는 가난한 환자들을 다 도울 수 없었다.

그즈음 장기려는 채규철을 통해 유럽의 의료 보험 제도에 대해 들었다. 평상시 조금씩 돈을 내어 의료비를 모아 뒀다가, 몸이 아파 병원에 가면 적은 돈을 내고 치료를 받는 제도였다. 두 사람은 그 제도를 참고하여 1968년 우리나라 최초의 의료보험인 '청십자의료보험조합'을 만들었다. 그리고 아픈 사람이 생겼을 때 도울 수 있고, 자신이 병이 나면 도움을 받을 수 있다는 것을 알려 조합원을 모았다.

1975년에는 청십자병원, 이듬해에는 청십자사회복지회를 만들어 가난한 사람들을 도우려고 애썼다. 이런 공로를 인정받아 1979년 ⓛ ▢▢▢▢▢ 사회 봉사상을 받았다.

하지만 장기려는 평생 가난하게 살았다. 소유하지 않는 삶을 실천하면서 가난한 사람을 도왔다. 또 북에 남은 가족들을 그리워하며, 부인과 자식들을 보고 싶어 했지만 끝내 가족을 만나지 못했다.

장기려는 1995년 12월 25일에 병으로 세상을 떠났다.

[나]

복음병원은 늘 환자로 넘쳐났다. 하지만 병원은 계속 적자였다. 원장인 장기려가 가난한 사람에게서는 치료비를 받지 않았기 때문이었다.

"원장님, 계속 이렇게 환자들에게 돈을 안 받으시면 병원을 운영할 수 없습니다."

"우리는 가난한 사람을 위해 이 병원을 설립했어요. 돈이 없는 환자를 치료하지 않으면 그 사람들은 어떻게 되겠습니까?"

병원 직원들이 장기려에게 불만을 말해도 소용이 없었다.

하루는 한 환자가 장기려를 찾아와 말했다.

"원장님, 지금 입원비를 못 내서 퇴원을 못 하고 있습니다."

장기려는 병원 직원들에게 이 사람을 그냥 퇴원시키라고 할 수가 없었다. 고민 끝에 이렇게 말했다.

"그럼, 내가 시키는 대로 하세요. 오늘 밤에 뒷문을 살짝 열어 둘 테니 몰래 도망치세요. 나중에 혹시라도 잡히면 내가 도망가라고 했다고 하세요."

가난한 환자들은 돈을 제대로 내지 못한 채 나가는 때가 많았다. 그 환자들은 장기려의 배려에 감동하여 퇴원 후에 병원비를 갚거나 병원에서 일을 도왔다.

[다]

시간이 흐르자, 병원은 차츰 자리를 잡아 갔다. 간호사, 구급차 운전사, 약사 등 병원 식구들도 늘었다. 하지만 직원들에게 월급을 주는 게 큰 걱정거리였다. 가난한 사람들에게 무료 진료를 하는 터라 돈은 부족하고, 직원들한테 딸린 식구는 마흔 명이 넘었기 때문이다. 미국의 한 단체에서 후원금이 오긴 했지만, 턱없이 모자랐다.

어느 날, 장기려가 좋은 방법을 생각해 냈다.

"식구 수대로 월급을 가져가도록 합시다."

그러면 두 식구인 장기려와 구급차 운전사의 월급이 똑같아지는 상황이었다.

"그건 안 됩니다. 그럼 원장님이 월급을 가장 적게 가져가시게 됩니다."

"ⓒ 여러분, 우리가 이 길을 가는 건 돈을 벌기 위해서도, 명예를 얻기 위해서도 아 닙니다. 식구가 많으면 돈 쓸데도 더 많은 법이니 제 말대로 하는 게 좋겠어요. 저 는 아들과 밥이나 먹으면 더 바랄 것도 필요한 것도 없습니다."

이렇게 해서 열 식구인 직원이 월급을 가장 많이 가져갔고, 장기려와 운전사가 가 장 적게 가져갔다.

[라]

장기려의 고민은 한결같았다.

'가난한 환자들이 병원비 부담 없이 치료 받을 방법이 없을까?'

그즈음 장기려는 채규철을 만나게 되었다.

"제가 덴마크에서 공부할 때 크게 아파서 입원한 적이 있어요. 몸이 나아 퇴원하려 는데 병원비가 걱정되었어요. 그런데 무료라는 거예요. 그 나라 사람들은 평소에 의료 보험비를 내고, 그 돈을 모아 뒀다가 누구든 아파서 병원에 오면 돈을 받지 않고 치료해 준다면서요."

"옳지! 아프지 않을 때 조금씩 낸 보험비로 아픈 사람을 돕고, 그러다 자신도 아프 면 도움을 받는다는 것이지?"

"예, 바로 그거지요."

"채 선생, 그거 좋은 생각이오. 우리가 그 일을 해 봅시다."

그렇게 1968년, 723명을 모아 청십자의료보험조합을 만들었다.

1 빈칸에 직업과 사람 이름을 넣어 이 글의 제목을 지어 보세요. | 제목 |

바보 [　][　] , [　][　][　]

2 장기려에게 영향을 끼친 인물입니다. 빈칸에 이름이나 알맞은 낱말을 쓰세요. | 내용 파악 |

(1) [　　　　　] : 경성의전에서 장기려를 가르치며 교수를 하라고 제안했다.

(2) 전영창: 가난한 사람을 치료할 수 있도록 [　　　　　]을 설립할 기회를 만들어 주었다.

(3) 채규철: 1969년에 장기려와 함께 우리나라 최초로 [　　　　　]을 만들었다.

3 다음은 이 글에 나오는 낱말의 뜻을 풀이한 것입니다. <u>잘못된</u> 것을 찾으세요. | 어휘 |

① 수석: 시험에서 두 번째로 좋은 성적을 얻은 사람.

② 부상병: 전쟁에서 몸을 다친 군인.

③ 피란: 전쟁을 피해 사는 데를 다른 곳으로 옮기는 일.

④ 소외된: 따돌림을 당한.

⑤ 조합: 같은 목적을 이루기 위해, 일정한 자격이 있는 사람들이 만든 단체.

4 '쓰는 돈이 버는 돈보다 많은 상태'의 뜻으로, '흑자'의 반대말을 [나]에서 찾아 쓰세요.
  | 어휘 |

흑 자 ↔ [　　　　　]

5 ㉠에 들어갈 내용으로 알맞은 것을 고르세요. | 배경지식 |

① 남북 전쟁   ② 태평양 전쟁   ③ 한국 전쟁
④ 1차 세계 대전   ⑤ 2차 세계 대전

6 ㉡은 다음 설명에 나온 사람 이름을 딴 상입니다. 알맞은 것을 찾으세요. | 배경지식 |

> 이 사람은 필리핀의 대통령이었다. 필리핀의 자유와 독립을 위해서 많은 노력을 했다. 사회의 부정을 막고 국민을 보호한 대통령으로, 국민의 큰 지지를 받았다. 그의 업적을 기리기 위해 이 상이 만들어졌다. 우리나라에서 이 상을 받은 사람으로 정치인 장준하, 오웅진 신부, 법륜 스님 등이 있다.

① 노벨상   ② 다윈상   ③ 아카데미상
④ 막사이사이상   ⑤ 퓰리처상

7 [나]에서 장기려가 환자를 도망치게 한 까닭으로 가장 알맞은 것을 고르세요. | 추론 |

① 돈을 벌어서 빨리 병원비를 갚으라고.
② 가난한 사람의 자존심을 지켜주기 위해서.
③ 가난한 환자는 오래 있을수록 병원에 손해가 되어서.
④ 가난한 사람을 붙잡아 둬 봐야 돈을 받지 못하기 때문에.
⑤ 내가 먼저 선한 행동을 하면, 상대방도 어떤 식으로든 갚을 것을 알기 때문에.

8 ㉢과 같이 말할 수 있었던 장기려의 다짐을 [가]에서 찾아 쓰세요. | 내용 파악 |

_____

9 [라]에서 장기려가 청십자 의료보험을 만든 까닭은 무엇인가요? | 내용 파악 |

① 의사를 그만두기 위해서.

② 돈이 없는 사람은 병원에 못 오게 하려고.

③ 돈을 벌어 병원 직원들을 잘살게 해 주려고.

④ 가난한 사람들이 병원비 걱정 없이 치료받게 하려고.

⑤ 병원에 너무 많은 사람이 찾아와 진료하기 힘들어서.

10 이 글과 어울리지 <u>않는</u> 느낌이나 생각을 말한 사람은 누구인가요? | 감상 |

① 가영: 나도 의사가 되어 돈을 많이 벌고 싶어.

② 재훈: 평생 희생하고 봉사하신 장기려 박사님은 정말 대단해.

③ 은정: 내가 가진 것을 남과 나누는 장기려 박사님의 삶을 본받고 싶어.

④ 기석: 자신의 이익은 생각하지 않고, 가난한 사람들을 위해 앞장서신 점이 위대해.

⑤ 태정: 나도 약한 친구들에게 힘이 되어 주고, 소외된 친구들에게 좋은 벗이 될 거야.

11 장기려를 '한국의 _____'라고도 부릅니다. 다음 설명을 읽고, 빈칸에 들어갈 알맞은 인물을 고르세요. | 추론 |

> 독일의 의사, 음악가, 신학자다. '30살까지는 학문과 예술을 위해 살고, 그 이후부터는 인류에 봉사하는 삶을 살 것'이라고 다짐한 그는 서른 살부터 의학을 공부했다. 의사가 된 후에는 평생 아프리카 사람들을 치료하며 살았다. 그 공로로 77세에 노벨 평화상을 받았다.

① 맥아더   ② 처칠   ③ 슈바이처

④ 간디   ⑤ 베토벤

우리 누나 업은 베개 ㉠ 애기는
자장자장 노래에 잠 잘 잔대요.

㉡ 콜-콜- 잠들면 깰 줄 모르고
언제나 등에 업혀 잘도 자지요.

우리 누나 업은 베개 애기는
엄마 엄마 없어도 울지 않아요.

응아응아 젖 달라 보채지 않고
㉡ 콜-콜- 잠 잘 자는 착한 애기죠.

(남대우)

1 이 시에서 가장 중요한 말은 무엇인가요? | 핵심어 |

① 우리 누나   ② 베개 애기   ③ 자장자장 노래
④ 등   ⑤ 엄마

2 이 시는 몇 연 몇 행으로 이루어졌나요? | 구조 |

☐ 연   ☐ 행

3 ㉠은 표준어가 아닙니다. 표준어로 고쳐 쓰세요. | 어휘 |

4 이 시에서 '베개 애기'는 무엇을 뜻하나요? | 내용 파악 |

① 베개와 아기.　　　　　　② 아기처럼 생긴 베개.

③ 누나가 아기처럼 업은 베개.　④ 베개를 베고 자는 아기.

⑤ 베개를 끌어안고 있는 아기.

5 말하는 이의 누나는 무엇을 하고 있나요? | 내용 파악 |

① 베개를 베고 자고 있다.

② 엄마를 찾으며 울고 있다.

③ 콜콜 코를 골며 자고 있다.

④ 엄마 등에 업혀 자고 있다.

⑤ 베개를 등에 업고 엄마 놀이를 하고 있다.

6 ㉡은 글자 뒤에 줄표(–)가 있습니다. ㉡을 어떻게 읽어야 할까요? | 추론 |

① 짧게 끊어 읽는다.

② '코올코올'처럼 길게 늘여 읽는다.

③ '콜콜콜콜'처럼 '콜'을 네 번 읽는다.

④ 코를 고는 소리이므로 재미있게 소리 내어 읽는다.

⑤ 자는 소리이므로 소리를 내지 않고 눈으로만 읽는다.

누른 논에 허재비
우습구나야
입은 벌려 웃으며
눈은 성내고
학생 모자 쓰고서
팔은 벌리고
장대 들고 섰는 꼴
우습구나야

누른 논에 허재비
맘이 좋아서
작은 새가 머리에
올라앉아서
이 말 저 말 놀려도
모른 체하고
입만 벌려 웃는 꼴
우습구나야

(방정환)

* 허재비: '허수아비'의 사투리

1 이 시에서 가장 중요한 낱말은 무엇인가요? | 핵심어 |

2 이 시의 말하는 이는 무엇을 하고 있나요? | 내용 파악 |

① 논에서 새를 쫓고 있다.

② 허수아비를 보고 있다.

③ 허수아비를 그리고 있다.

④ 허수아비에게 화를 내고 있다.

⑤ 두 팔을 벌리고 장대를 들고 서 있다.

3 이 시에 대한 설명으로 알맞지 않은 것을 고르세요. | 내용 파악 |

① 총 2연으로 이루어져 있다.

② 같은 말을 반복하여 사용하였다.

③ 허수아비를 사람처럼 표현하였다.

④ 글자 수(7글자, 5글자)를 반복하여 사용했다.

⑤ 소리를 흉내 내는 말을 사용하여 재미있게 표현하였다.

4 다음 중 낱말 풀이가 바르지 않은 것을 고르세요. | 어휘 |

① 누른: 땅이 넓고 평평한.   ② 성내고: 화를 내고.

③ 장대: 나무로 만든 긴 막대기.   ④ 꼴: 겉으로 나타난 모습.

⑤ 맘: '마음'의 준말.

5 이 시에서 느껴지는 분위기는 어떠한가요? | 감상 |

① 무섭다   ② 슬프다   ③ 재미있다

④ 화난다   ⑤ 조용하다

바닷가에 ㉠ 바람이
잠을 자니까
아버지 고깃배가
가득 찼겠네
바다 위에 조각달이
넘어가니까
㉡ 아버지 고깃배가
돌아오겠네
㉢ 어기여차 뱃사람과
노래 부르며
잡은 고기 가득 싣고
돌아오겠네

(서덕출)

1 ㉠을 바르게 풀이한 것을 찾으세요. **| 내용 파악 |**

① 태풍이 오니까.

② 바람이 많이 부니까.

③ 바람이 거의 안 부니까.

④ 바람이 동쪽에서 서쪽으로 부니까.

⑤ 바람이 서쪽에서 동쪽으로 부니까.

2 이 시에서 ⓛ의 직업을 짐작할 수 있는 낱말이 아닌 것을 고르세요. |추론|

① 조각달　　　　　② 고기　　　　　③ 고깃배

④ 바다　　　　　⑤ 뱃사람

3 이 시의 말하는 이는 무엇을 하고 있나요? |내용 파악|

① 밤에 늦도록 바닷가에서 놀고 있다.

② 바닷가에서 아버지와 재미있게 놀고 있다.

③ 바닷가에서 주무시는 아버지를 보고 있다.

④ 밤늦도록 돌아오지 않는 아버지를 기다리고 있다.

⑤ 아버지와 배를 타고 바다에 나가 물고기를 잡고 있다.

4 ⓒ은 어떤 소리인가요? |어휘|

① 너무 춥다고 내는 소리.

② 몸이 아플 때 내는 소리.

③ 물고기가 여기 있다고 알리는 소리.

④ 지나가는 차를 멈추라고 지르는 소리.

⑤ 여럿이 함께 그물을 힘껏 들어 올리는 소리.

5 말하는 이의 마음을 가장 잘 나타낸 것을 고르세요. |주제|

① 나도 배를 타고 바다에 나가고 싶다.

② 아버지와 바닷가에서 함께 놀고 싶다.

③ 아버지가 고기를 잡으러 가면 좋겠다.

④ 아버지가 물고기를 많이 잡아 오면 좋겠다.

⑤ 아버지가 안 들어오니 밤늦게까지 놀 수 있어서 좋다.

가자 가자 가자
숲으로 가자
달조각을 주으러
숲으로 가자.

㉠ 그믐밤 반딧불은
부서진 달조각,

가자 가자 가자
숲으로 가자
달조각을 주으러
숲으로 가자.

(윤동주)

1 이 시에서 가장 중요한 낱말을 고르세요. | 핵심어 |

① 밤   ② 숲   ③ 그믐밤

④ 달조각   ⑤ 달

2 말하는 이는 '반딧불'을 무엇으로 비유했나요? | 표현 |

3 다음 설명을 읽고, ⊙과 같은 표현법을 사용한 문장을 찾으세요. | 표현 |

> 내 동생은 축구공이다.
>
> 위의 표현처럼 'ㅇㅇ은 △△다' 하고 나타내는 방법을 '은유법'이라고 한다. 은유법은 두 사물의 공통점으로 비유한다. 예를 들어, '내 동생'과 '축구공'은 통통 튀는 공통점이 있다.

① 접시처럼 둥근 해.

② 지우개는 청소부다.

③ 시냇물이 노래를 부르며 흘러간다.

④ 나뭇가지가 나를 보고 손을 흔든다.

⑤ 하늘에 솜사탕 같은 구름이 떠다닌다.

4 이 시에 대해 잘못 이해한 사람을 고르세요. | 내용 파악 |

① 원희: 말하는 이는 달조각을 줍고 있어.

② 상윤: 이 시는 3연 10행으로 되어 있어.

③ 동주: 1연과 3연이 반복되어 노래하는 느낌이 들어.

④ 희민: 이 시의 시간적 배경은 '밤'이야.

⑤ 정우: 1연과 3연을 반복하여 숲으로 가자는 것을 강조했어.

5 다음 중 그믐달을 찾으세요. | 배경지식 |

가을이 눈 한 번
힐끗 뜨더니
하늘이 파랗게
높아지고요
㉠ 나뭇잎 병들어
노랗습니다

가을이 눈 뜨면
달도 밝아서
벌레가 처량히
울음 우는 밤
㉡ 나뭇잎 장례가
떠나갑니다

(서덕출)

1 ㉠의 알맞은 뜻을 찾으세요. | 내용 파악 |

① 나무가 죽었다.

② 단풍이 들었다.

③ 나뭇잎이 떨어졌다.

④ 나무가 병이 걸렸다.

⑤ 벌레가 나뭇잎을 파먹었다.

2 ㉡을 가장 잘 해석한 사람은 누구인가요? | 내용 파악 |

① 연경: 나무에 단풍이 예쁘게 들었나 봐.

② 현정: 벌레가 싫어서 나뭇잎이 손을 젓는 것 같아.

③ 효진: 벌레가 갉아 먹어서 나뭇잎이 썩은 것 같아.

④ 형우: 벌레가 죽어서 떨어진 나뭇잎으로 덮어 주었나 봐.

⑤ 태균: 나뭇잎이 떨어지는 모습을 '장례'라고 표현한 게 재미있어.

3 이 시에서 말하는 이가 본 것이 <u>아닌</u> 것을 고르세요. | 내용 파악 |

① 밝은 달.

② 병 든 나무.

③ 높은 하늘.

④ 떨어지는 나뭇잎.

⑤ 노랗게 물든 나뭇잎.

4 다음에서 설명하고 있는 표현법이 사용되지 <u>않은</u> 것을 찾으세요. | 표현 |

> 사람이 아닌 것을 사람인 것처럼 나타내는 표현법을 '의인법'이라고 한다.
>
> 예 꽃이 춤을 춘다.

① 가을이 눈 뜨면

② 나뭇잎 장례가 떠나갑니다

③ 하늘이 파랗게 높아지고요

④ 가을이 눈 한 번 힐끗 뜨더니

옛날 어느 마을에 가난한 선비가 아내와 단둘이 살고 있었다. 선비는 책을 읽거나 글을 쓸 뿐, 살림살이나 세상일에 대해서는 전혀 관심이 없었다.

어느 날, 아내는 힘들여 짠 베 한 필을 선비에게 내어 주며 말했다.

"영감, 장에 가서 이 베를 팔아서 그 돈으로 쌀과 북어를 좀 사 오세요."

선비는 베를 들고 장으로 나섰다. 하지만 어떻게 베를 팔 것이며, 베를 판 돈으로 쌀과 북어를 어떻게 사야 할지 막막했다. 선비는 고갯마루에 이르러 잠시 쉬어 가려고 베를 옆에 내려놓고 앉았다. 그때, 한 젊은이가 선비에게 다가왔다.

"영감님, 장에 가시나 보네요. 그건 베인 것 같은데, 맞지요?"

"그렇다오. 베를 팔러 장에 가는 중이오. 그런데 젊은이는 어디로 가시오?"

"예, 저도 장에 가는 중입니다. 저는 장에서 물건을 흥정 붙이거나, 싸게 사 두었다가 비싼 값에 팔기도 하는 장사꾼입니다. 그 베를 제게 맡기시면 좋은 값에 팔아드리죠."

"하지만 베를 판 돈으로 쌀과 북어도 사야 하는데……."

"아, 그것도 제가 사 올 테니 영감님은 여기서 편히 쉬고 계세요. 영감님은 편하시고, 저는 장사해서 돈을 버니, 그야말로 ㉠ [   ] 일 아닙니까?"

베를 팔고 물건 사는 귀찮은 일을 대신 해 준다니, 선비는 젊은이가 무척 고마웠다. 젊은이는 선비가 건네준 베를 들고 시장으로 쏜살같이 달아났다.

어느덧 해가 서산으로 기울어 어둠이 몰려왔다. 하지만 젊은이는 돌아오지 않았다. 선비는 젊은이가 도둑이라고는 꿈에도 생각하지 못하고, 베를 못 팔아서 돌아오지 않는다고만 생각했다. 선비는 자신 때문에 고생하고 있을 젊은이를 걱정하며 집

* 베: 삼나무 껍질로 짠 실.
* 고갯마루: 산이나 언덕의 가장 높은 부분.

으로 돌아갔다.

"아니, 왜 이렇게 늦었어요? 그리고 쌀과 북어는 어쩌고 빈손으로 오시오?"

선비는 낮에 있었던 이야기를 부인에게 들려주었다.

"그래, 그 젊은이를 기다리다가 이제야 돌아왔단 말이에요? 아, ⓒ 고양이한테 생선을 맡긴 격이지. 그 사람은 도둑이에요, 도둑."

"아니, 그게 무슨 말이오? 남을 그렇게 함부로 말하는 게 아니오. 그 젊은이가 도둑이라니? 다시는 그런 소리 마시오."

선비는 도둑을 감싸면서 다음 장날에는 젊은이가 베를 팔아 자신을 찾아올 것이라고 믿었다.

닷새가 지나 장날이 되자 선비는 젊은이와 헤어진 고개에서 그를 기다렸다.

'두고 봐! 분명히 오늘은 젊은이가 올 거야. 마누라는 괜히 남을 의심한단 말야.'

하지만 아무리 기다려도 젊은이는 오지 않았다. 그다음 장날에도, 또 그다음 장날에도 젊은이는 나타나지 않았다.

다시 그다음 장날에도 선비는 고개에서 젊은이를 기다렸다. 그때 마침 고개를 오르던 도둑은 선비가 자기를 기다리는 것을 보고 가슴이 뜨끔하였다.

한 달이 다 되어 가는데도 여전히 선비가 자기를 기다리고 있다고 생각하니 부끄러웠다. 잘못을 뉘우친 도둑은 장으로 달려가 쌀과 북어를 사서 돌아왔다. 선비는 여전히 그 자리에 있었다. 해가 지고 어둠이 내리자 선비는 자리에서 일어났다. 도둑은 쌀과 북어를 나무 아래 감춰 두고 몰래 선비의 뒤를 쫓아갔다. 선비는 집으로 들어서면서 중얼거렸다.

"허허, 그 젊은이가 나 때문에 한 달 가까이나 고생하는구먼. 아, 안 팔리면 그냥 베라도 가져오면 될 텐데 끝내 그것을 팔아 주려고 너무 고생한단 말이야."

"어휴, 영감은 아직도 그 도둑을 믿는단 말이에요? 그놈은 지금 다리 쭉 뻗고 아무 걱정 없이 잘 지낼 거예요. 우리는 베를 도둑맞은 거예요."

* 장날: 시장이 열리는 날.
* 북어: 말린 명태.

"허허, 또 그러네. 내가 보건대 그 젊은이는 절대로 그럴 사람이 아니라니까."

밖에서 부부의 얘기를 엿들은 도둑은 크게 감동하였다. 그리고 자신의 행동이 부끄러워졌다.

도둑은 감춰 두었던 쌀과 북어를 들고 다시 선비네 집을 찾아왔다.

"영감님, 한 달 전 고갯마루에서 만난 젊은이입니다. 쌀과 북어를 사 왔습니다."

깜짝 놀란 선비는 마당으로 뛰어나왔다. 그리고 도둑을 데리고 방으로 들어갔다.

"고생 많았네. 팔리지도 않는 베를 파느라 얼마나 수고를 했나? 정말 고맙네."

선비의 말에 도둑은 무릎을 꿇고 울먹이는 목소리로 용서를 빌었다.

"선비님, 제가 죽을죄를 지었습니다. 사실 저는 도둑입니다. 그런데 오늘 고개에서 저를 기다리는 선비님을 보고는 마음에 가책을 느껴 이렇게 찾아왔습니다."

선비는 젊은이를 일으키더니 어깨를 두드리면서 말했다.

"이보게, 젊은이, 잘못을 뉘우쳤다니 얼마나 대견한 일인가? 자기 잘못을 뉘우치는 것이야말로 가장 큰 용기라네. 앞으로는 깨끗하고 바른 마음으로 살아가게."

그 후 젊은이는 도둑질에서 ⓒ [   ] 선비 부부를 부모처럼 모시며 올바르게 살았다.

(전래 동화)

* 죽을죄: 마땅히 죽어야 할 만큼 큰 죄.

1 다음 중 낱말 풀이가 잘못된 것을 고르세요. |어휘|

① 필: 정해진 길이로 말아 놓은 천을 세는 말.

② 흥정: 물건을 파는 사람과 사는 사람이 서로 다투는 일.

③ 서산: 서쪽에 있는, 해가 지는 쪽의 산.

④ 가책: 자기 잘못을 깨달아 스스로 꾸짖는 것.

⑤ 대견한: 자랑스럽고 훌륭한.

2 이 글에 나타난 선비의 성격으로 가장 알맞은 것은 무엇인가요? |추론|

① 용감하다.　　　　② 부정적이다.　　　　③ 긍정적이다.
④ 냉정하다.　　　　⑤ 부끄러움이 많다.

3 ㉠에 들어갈 속담으로 알맞은 것을 고르세요. |표현|

① 병 주고 약 주는
② 찬물도 위아래가 있는
③ 미운 놈 떡 하나 더 주는
④ 믿는 도끼에 발등 찍히는
⑤ 누이 좋고 매부(누이의 남편) 좋은

4 ㉡의 뜻으로 알맞은 것을 고르세요. |추론|

① 착한 사람에게 나쁜 일을 시켜 마음이 불편한.
② 불쌍한 사람에게 음식을 나눠 주어 마음이 흐뭇한.
③ 나쁜 사람에게 일이나 물건을 맡겨 놓고도 마음이 편안한.
④ 믿지 못할 사람에게 일이나 물건을 맡겨 놓아 마음이 놓이지 않는.
⑤ 믿을 만한 사람에게 소중한 물건을 맡겨 놓아 마음이 놓이고 든든한.

5 ㉢에는 '하던 일을 그만두고'의 뜻을 지닌 말이 들어갑니다. 어울리지 <u>않는</u> 것을 고르세요.

|표현|

① 손을 잡고　　　　　　　② 손을 씻고
③ 손을 빼고　　　　　　　④ 손을 털고
⑤ 손을 떼고

6 이 글의 내용으로 맞는 것을 고르세요. |내용 파악|

① 선비는 세상일에 관심이 많은 사람이다.

② 선비의 아내는 젊은이가 도둑이라고 생각했다.

③ 선비는 고갯마루에서 만난 젊은이에게 돈을 맡겼다.

④ 젊은이는 선비의 집에서 쌀과 북어를 훔쳐 달아났다.

⑤ 아내는 선비에게 베를 팔아 그 돈으로 소금을 사 오라고 했다.

7 도둑이 자신의 잘못을 뉘우치게 된 계기는 무엇인가요? |내용 파악|

① 선비의 복수가 두려워서.

② 어머니께 꾸중을 들어서.

③ 끝까지 자신을 믿는 선비의 마음에 감동해서.

④ 남의 것을 훔치면 벌을 받는다는 사실을 깨달아서.

⑤ 선비가 포도청(조선 시대에, 범죄자를 잡던 곳)에 신고할까 봐.

8 선비네 마을에서는 닷새마다 장이 열렸습니다. 이런 '장'을 무엇이라고 하나요? |배경지식|

_____

9 이 글을 읽고 이야기를 나누었습니다. 어울리지 <u>않는</u> 말을 한 사람은 누구인가요? |감상|

① 희원: 사람은 자기의 잘못을 뉘우칠 줄 알아야 해.

② 민환: 잘못을 뉘우치고 용서를 구할 때는 넓은 마음으로 받아 줘야 해.

③ 주영: 한 번 나쁜 짓을 저지른 사람은 계속해서 나쁜 짓을 저지르게 돼.

④ 재준: 내가 한 말이나 행동이 다른 사람에게 큰 영향을 줄 수 있다는 걸 알았어.

⑤ 가영: 선비처럼 누군가 나를 믿고 기다려 주는 사람이 있으면 큰 힘이 될 것 같아.

이 글은 영국 작가 찰스 디킨스의 작품 〈크리스마스 캐럴〉이다.

[가]에는 이 글 전체를 요약했고, [나], [다], [라]에는 스크루지가 과거, 현재, 미래의 유령을 만나는 부분을 요약했다.

[가]

스크루지는 부지런하지만 인정이라곤 눈곱만치도 없는 ㉠구두쇠 노인이다. 크리스마스 전날 밤, 꿈에 죽은 친구 말리가 유령이 되어 스크루지 앞에 나타난다. 말리는 돈만 소중하게 생각하며 남을 돕고 살지 않은 지난날을 후회한다. 그리고 스크루지에게 과거, 현재, 미래의 유령을 따라가 삶을 돌아보고 그들의 충고를 받아들이라고 말한다. 현재로 돌아온 스크루지는 자신의 잘못을 반성하고, 가진 것을 나누고 이웃 사랑을 실천하며 살아간다.

[나]

과거의 유령이 스크루지를 데려간 곳은 스크루지가 청년 시절에 일했던 페지위그 영감의 가게였다.

"자, 이제 그만 정리하지. 오늘은 크리스마스이브 아닌가?"

페지위그 영감은 가게를 말끔히 치우고 무도회장으로 꾸몄다. 식탁에는 케이크와 구운 고기, 과일과 포도주 등을 푸짐하게 차렸다. 손님들이 무도회장에 입장하자 곧이어 악사들이 바이올린을 연주했다. 페지위그 영감이 아내의 손을 잡고 춤을 추기 시작하자 손님들도 서로서로 짝을 맞춰 손을 잡고 춤을 추었다.

"한심한 사람들, 저까짓 파티에 흥겨워하다니. 페지위그 영감도 그렇지, 크리스마스이브에 저게 뭐야. 음식을 차리려면 좀 푸짐하게 차리지. 하긴 스크루지 자넨 저 정도도 안 하지만."

* 무도회: 여럿이 춤을 추면서 노는 모임.

사람들을 보며 유령이 혀를 찼다. 그 말에 스크루지가 고개를 저었다.

"저 자리는 돈으로 따질 수 있는 게 아니에요. 페지위그 영감님은 돈보다 훨씬 값진 기쁨과 행복을 우리한테 주셨다고요."

무도회는 11시가 되어서야 끝났다. 사람들은 모두 만족한 표정이었다. 페지위그 부부는 현관에 서서 돌아가는 사람들과 악수하며 크리스마스 인사를 나눴다.

서로를 진심으로 축복해 주는 그들에게서 스크루지는 눈을 뗄 수 없었다.

스크루지는 자신의 가게에서 일하는 직원 밥을 떠올렸다. 스크루지는 따뜻한 마음으로 밥을 대하지 않은 것을 후회했다.

[다]

현재의 유령은 스크루지를 조카 프레드의 집으로 데려갔다.

프레드는 친구들과 함께 유쾌하게 웃으며 이야기를 나누고 있었다.

"내가 '메리 크리스마스' 하니까 삼촌이 뭐라고 하신 줄 알아?"

프레드의 말에 스크루지는 귀를 쫑긋 세웠다. 자신에 대한 말이기 때문이었다.

"'그까짓 크리스마스가 뭐라고.' 하시는 거야."

순간 스크루지는 얼굴이 화끈 달아올랐다.

"어쩜 그러실 수가 있죠?"

프레드의 아내가 어이없는 듯 헛웃음을 웃었다.

"정말 불쌍한 양반이군. 이렇게 좋은 날에 혼자 지내시다니."

"그러게 말이야. 같이 저녁 식사라도 하시면 얼마나 좋아."

프레드의 친구들도 한마디씩 했다.

"그래도 난 외삼촌이 불쌍해. 그분은 비뚤어진 마음씨 때문에 고통을 받고 있어. 언젠가는 외삼촌도 돈보다 중요한 것들이 있다는 걸 알게 될 거야. 그러니 자, 우리 모두 외삼촌을 위해 건배!"

프레드가 외치자 모두 잔을 높이 들었다.

"삼촌, 삼촌은 이런 축복도 받고 싶지 않으시겠지만, 새해 복 많이 받으세요!"

* 헛웃음: 어처구니가 없어서 피식 터져 나오는 웃음.

프레드는 친구들과 잔을 부딪쳤다. 스크루지는 기분이 좋았다. 가능하다면 당장 그들 사이에 끼어들고 싶은 심정이었다.

[라]

미래의 유령이 스크루지를 데려 간 곳은 시내 한복판이었다. 마침 그들 옆으로 상인들이 이야기를 나누며 지나갔다.

"글쎄, 어젯밤에 구두쇠 영감이 갑자기 죽었다지 뭔가. 그나저나 그 많은 돈을 두고 어떻게 눈을 감았는지 몰라."

"눈을 못 감고 죽었는지도 모르지."

"어쨌든 우리 주위에 있던 악마 하나가 사라진 셈이군."

순간 장소가 바뀌어 스크루지와 유령은 침대 옆에 와 있었다. 침대에는 한 남자가 누워 있었다. 아마도 죽은 것 같았다. 그러나 그의 곁에는 아무도 없었다. 물론 죽음을 슬퍼하는 사람도 없었다.

"침대에 누워 있는 사람은 누굽니까?"

스크루지가 유령에게 물었다. 유령은 대답 대신 스크루지를 공동묘지로 데리고 갔다. 묘비에는 '구두쇠 스크루지, 여기 잠들다.'라고 씌어 있었다.

"그럼 그 침대에 누워 있던 사람이 바로 저란 말인가요? 절대 그럴 리 없어."

스크루지는 부르짖었다.

"전 이제 변했어요. 지금까지와는 다르게 살 거라고요. 제가 노력하면 지금 본 모습들을 바꿀 수 있는 것인가요? 제발 그렇다고 말씀해 주세요."

스크루지는 안타깝게 물었다. 그러나 유령은 여전히 말이 없었다.

"이제부터는 베풀며 살겠습니다! 세 분이 가르쳐 주신 것을 실천하며 살겠습니다!"

스크루지가 눈물을 흘리며 애원하는 사이에 유령이 소리 없이 사라졌다.

"꼭 그렇게 하겠습니다!"

유령이 사라진 자리에 대고 스크루지가 계속 소리쳤다. 그러다 눈을 번쩍 뜨고는 침대에서 일어났다.

* 묘비: 무덤 앞에 세우는 비석.

1 이 글의 주인공으로, 인정이라곤 눈곱만치도 없는 구두쇠 노인은 누구인가요? | 인물 |

_____

2 이 글의 주제를 한 낱말로 표현하려고 합니다. 가장 알맞은 것을 고르세요. | 주제 |

① 믿음　　　　　② 베풂　　　　　③ 우정
④ 평화　　　　　⑤ 권력

3 유령들을 만나기 전의 스크루지 성격으로 알맞지 <u>않은</u> 것을 고르세요. | 추론 |

① 인색하다.　　　　　② 쌀쌀맞다.
③ 게으르다.　　　　　④ 인정이 없다.
⑤ 이웃과 친하게 지내지 않는다.

4 ㉠은 '돈이나 재물을 따위를 지나치게 아끼는 사람'의 뜻을 지닌 낱말입니다. 이와 비슷한 낱말을 고르세요. | 어휘 |

① 거지　　　　　② 유령　　　　　③ 영감
④ 수전노　　　　　⑤ 졸부

5 이 글의 시간적 배경을 알 수 있는 말을 고르세요. | 배경 |

① 설날　　　　　② 부활절　　　　　③ 핼러윈
④ 추수 감사절　　　　　⑤ 크리스마스

6 이 글의 내용과 <u>다른</u> 것을 고르세요. |내용 파악|

① 스크루지는 미래의 모습에서 자신의 죽음을 보았다.

② 프레드는 돈밖에 모르는 스크루지를 불쌍하게 생각했다.

③ 미래의 모습에서 사람들은 스크루지의 죽음을 무척 슬퍼했다.

④ 크리스마스 전날 밤, 꿈에 말리 유령이 스크루지를 찾아왔다.

⑤ 과거를 돌아보며, 스크루지는 밥에게 따뜻하게 대하지 못한 것을 후회했다.

7 유령이 되어 나타난 말리가 자신의 삶에서 어떤 점을 후회했나요? |내용 파악|

_____

8 스크루지에게 과거, 현재, 미래의 유령이 나타난 까닭은 무엇인가요? |추론|

① 좋은 추억을 만들어 주려고.

② 여러 경험을 통해 지식을 얻게 하려고.

③ 과거의 기억을 잊고 현재를 즐겁게 살라고.

④ 인색함을 버리고, 베풀 줄 아는 사람이 되게 하려고.

⑤ 과거를 바꾸어 현재와 미래를 행복하게 살게 하려고.

9 이 글을 읽고 느낀 점을 말했습니다. 어울리지 <u>않는</u> 말을 한 사람을 고르세요. |감상|

① 희원: 무엇보다 자신만을 위해 사는 게 행복이야.

② 진형: 돈이 많다고 해서 반드시 행복한 건 아니야.

③ 은혁: 자신이 가진 것을 이웃과 나누면 기쁨이 더 커지는 것 같아.

④ 려욱: 상대방을 존중하고 돕는 마음이 기쁨을 가져다 주는 것 같아.

⑤ 소은: 내 주변 사람들을 돕고 기쁘게 해 주는 것이 내가 행복해지는 일이야.

이 글은 작가 이상이 쓴 〈황소와 도깨비〉다. 1910년에 태어나 28세에 세상을 떠난 그는 시, 소설, 수필 등 다양한 장르의 글을 썼다. 〈황소와 도깨비〉는 이상이 쓴 유일한 동화로, 세상을 떠나기 40여 일 전에 신문에 실렸다. 다음은 〈황소와 도깨비〉를 요약한 내용이다.

[가]

어떤 산골에 돌쇠라는 나무장수가 살고 있었다. 돌쇠는 나이 삼십이 넘도록 장가도 못 가고, 부모도 일가친척도 없는 ㉠[   ](이)었다. 먹을 것이 있으면 핀둥핀둥 놀다가 먹을 것이 떨어지면 나무를 팔러 나갔다. 장작이나 소나무를 황소 등에다 듬뿍 싣고, 장터나 읍내로 팔러 갔다. 아침 일찍 갔다가 해가 저물어서야 겨우 집으로 돌아왔다.

황소는 돌쇠의 큰 자랑거리였다. 자기 앞으로 있던 땅을 팔아 산 소중한 재산이었다. 어느 해 겨울, 장터에서 나무를 팔고 돌아오는 길이었다. 갑자기 하늘이 흐려지고 바람이 불더니 진눈깨비가 날리기 시작했다. 다행히 눈이 곧 그쳐 돌쇠는 황소를 끌고 급히 길을 떠났다. 하지만 이내 날이 저물기 시작해 걸음을 재촉했다. 이렇게 얼마를 오다가 산허리를 돌아가려니까 별안간 길옆 숲속에서 고양이만 한 새까만 놈이 뛰어나와 눈 위에 가 엎드려 무릎을 꿇고 자꾸 절을 했다.

"돌쇠 아저씨, 제발 살려 주십시오."

"대체 너는 누구냐?"

"제 이름은 산오뚝이예요."

"거짓말 말어. 너 요놈, 도깨비 새끼지."

* 일가친척: 모든 친척.
* 진눈깨비: 비가 섞여 내리는 눈.
* 산허리: 산의 꼭대기와 아래의 중간이 되는 곳. 🔁 산중턱

"네, 정말은 그렇습니다. 그렇지만 산오뚝이라구두 합니다."

도깨비 새끼는 일주일 전에 친구와 같이 마을에 내려가 놀다가 사냥개한테 꼬리를 물려 재주도 못 부리게 되었다고 했다. 게다가 친구들도 다 잃어버리고 혼자 떨어져, 할 수 없이 숲속에 숨어 있다가 돌쇠가 지나가는 것을 보고 살려 달라고 뛰어나왔다고 했다. 돌쇠는 도깨비 새끼가 측은한 생각이 들어 도울 방법을 물었다.

"아저씨의 황소 배 속에 들어가 두 달 동안만 있으면 상처도 낫고 약해진 몸도 좋아질 것입니다. 그렇게 해 주면 황소의 힘을 열 배나 세게 해 주겠습니다."

돌쇠는 말문이 막혔다. 소중한 황소 배 속에다 도깨비 새끼를 넣고 다닐 수는 없는 일이었다. 그렇다고 거절하면 도깨비 새끼는 얼어 죽거나 굶어 죽을 처지였다. 생각다 못해 돌쇠는 소의 등을 두드리며 '어떡하면 좋겠니?' 하고 물으니 소가 고개를 끄덕였다.

"그럼, 너 허구 싶은 대루 해라. 그렇지만 꼭 두 달 동안이다."

도깨비 새끼는 너무 좋아 껑충 뛰어서 황소 배 속으로 들어갔다. 그날 이후, 황소는 전보다 열 배나 힘이 세어져 하루에 장터를 세 번씩이나 왕래했다. 돌쇠는 원래 게으름뱅이였지만 소 모는 데 재미가 나서 장작을 팔러 다니며 돈을 많이 모았다.

어느덧 두 달이 거의 지나고 삼월 그믐께가 다가왔다. 그때부터 웬일인지 자꾸 소의 배가 부르기 시작했다. 돌쇠는 틈나는 대로 커다란 배를 문질러 주기도 하고 약도 써 보았으나 도무지 효력이 없었다. 돌쇠는 날마다 걱정과 근심으로 지냈다. 하지만 소는 여전히 기운차게 수레를 끌고 산이든 언덕이든 평지같이 달렸다.

사월 초하룻날 새벽이었다. 외양간에서 시끄러운 소리가 들려 뛰쳐나가 보니 황소가 이를 악물고 괴로운 듯 껑충껑충 날뛰고 있었다. 그때였다.

"돌쇠 아저씨, 돌쇠 아저씨."

황소 입속에서 들리는 소리였다. 그제야 돌쇠는 도깨비 새끼의 목소리를 생각해 냈다.

* 측은한: 불쌍하고 가여운.
* 효력: 원하는 결과가 나타나게 하는 힘.
* 평지: 평평한 땅.

"도깨비 새끼로구나. 약속한 날짜가 지났으니 얼른 나와야 하지 않겠니?"

그러자 도깨비 새끼는 그동안 몸이 커져 소의 목구멍을 빠져나갈 수 없으니, 소가 하품할 때에 얼른 뛰어나가겠다고 했다. 돌쇠는 온 동네를 다니며 어떻게 하면 소가 하품을 하는지 물었다. 하지만 어떤 대답도 듣지 못했다. 돌쇠는 자기를 위해 몇 해 동안 애쓴 황소가 도깨비 새끼 때문에 죽게 될 것을 생각하니 무척 슬펐다.

돌쇠는 눈물을 흘리며 황소를 쳐다보았다. 그렇게 한참을 앉아 있자니 피곤하여 하품이 나왔다. 돌쇠의 모습을 보고 황소도 따라 길게 하품을 했다. 그 틈에 도깨비 새끼가 배 속에서 뛰어나왔다.

"돌쇠 아저씨, 고맙습니다. 아저씨 덕택에 이렇게 살까지 쪘으니, 아저씨 소가 지금보다 백 배나 기운이 세게 해 드리겠습니다."

도깨비 새끼는 돌쇠에게 넙죽 절하고 재주를 넘어 어디로인지 사라졌다.

돌쇠는 더욱 부지런해져서 이른 아침부터 소를 몰며 '도깨비가 아니라 귀신이라도 불쌍하거든 살려 주어야 하는 법이야.' 하고 속으로 중얼거렸다.

* 넙죽: 몸을 바닥에 바짝 붙이고 엎드리는 모양.
* 재주를 넘어: 몸을 날려 머리와 다리를 거꾸로 하여 뛰어 넘어.

1 황소의 배가 부르기 시작한 까닭으로 알맞은 것을 고르세요. | 내용 파악 |

① 황소가 병이 나서.

② 도깨비가 발로 차서.

③ 황소가 새끼를 배서.

④ 도깨비의 몸집이 커져서.

⑤ 황소가 여물을 많이 먹어서.

2 이 글의 내용과 같은 것을 고르세요. ┃내용 파악┃

① 돌쇠는 집을 팔아 황소를 샀다.

② 도깨비는 호랑이한테 꼬리를 물렸다.

③ 도깨비는 돌쇠와의 약속을 지키지 않았다.

④ 돌쇠는 산허리를 돌아가다 고양이를 만났다.

⑤ 황소가 하품을 하는 사이, 도깨비는 황소의 배 속에서 뛰어나왔다.

3 이 글에 대한 설명으로 **틀린** 것을 고르세요. ┃추론┃

① 도깨비는 은혜를 갚을 줄 안다.

② 돌쇠는 마음이 따뜻한 사람이다.

③ 거짓말을 하면 벌을 받는다는 교훈을 준다.

④ 도깨비를 만난 다음부터 돌쇠는 부지런해졌다.

⑤ 도깨비는 꼬리가 있어야 재주를 부릴 수 있다.

4 다음 낱말과 풀이를 바르게 연결하세요. ┃어휘┃

(1) 보름 •
    • 그달의 첫째 날.

(2) 초하룻날 •
    • 음력으로 그달의 열닷새째 되는 날.

(3) 그믐 •
    • 음력으로 그달의 마지막 날.

5 다음은 ⊙에 들어갈 낱말 풀이입니다. 알맞은 것을 고르세요. **l 어휘 l**

> 함께 고통을 나눌 가족이나 친척, 친구 하나 없이 오직 자신 혼자뿐인 사람을 가리키는 낱말이다. 이 낱말에는 외롭고 힘들다는 의미가 담겨 있다.

① 무남독녀(無男獨女) ② 혈혈단신(孑孑單身)

③ 남존여비(男尊女卑) ④ 다다익선(多多益善)

⑤ 고진감래(苦盡甘來)

6 다음은 돌쇠가 한 말이나 생각입니다. 이 글의 주제와 관련된 것을 고르세요. **l 주제 l**

① "대체 너는 누구냐?"

② "거짓말 말어. 너 요눔, 도깨비 새끼지."

③ "약속한 날짜가 지났으니 얼른 나와야 하지 않겠니?"

④ "그럼, 너 하구 싶은 대루 해라. 그렇지만 꼭 두 달 동안이다."

⑤ '도깨비가 아니라 귀신이라도 불쌍하거든 살려 주어야 하는 법이야.'

7 이 글의 내용과 어울리지 <u>않는</u> 말을 한 사람을 고르세요. **l 감상 l**

① 유정: 황소를 보면서 노력하면 성공한다는 것을 배웠어.

② 정현: 도깨비가 황소의 몸속을 들락거리는 게 재미있었어.

③ 소민: 나도 어려움에 처한 친구를 보면 돌쇠처럼 도와줄 거야.

④ 무영: 우리도 도깨비처럼 은혜를 갚을 줄 아는 사람이 되어야 해.

⑤ 은성: 돌쇠를 보면서 착한 일을 하면 복을 받는다는 생각이 들었어.

이 글은 방정환의 〈재미있고 서늘한 느티나무 신세 이야기〉다. 수백 년을 살아온 느티나무가 들려주는 이야기로, [가]는 글의 앞부분, [나]는 뒷부분이다.

[가]

지금까지는 꽃도 없고, 냄새도 없고, 그늘도 어려서, 사람도 거들떠보지 않고, 새 한 마리 짐승 한 마리 찾아오는 법이 없더니, 내 나이 열댓 살이 되자 가지도 제법 퍼지고 여름이면 그늘이 제법 땅을 덮게 되었는데, 하루는 뜻밖에 ㉠ 노랗게 황금 같은 새 한 마리가 훌쩍 날아와서 내 팔에 앉기에 앉는 대로 내버려 두고 보았더니, 아이구, 어쩌면 고 조막만도 못한 몸뚱이에서 그렇게도 교묘한 울음소리가 나옵니까. 나는 세상에 나온 지 10여 년 만에, 처음 세상의 사랑과 재미를 맛보았습니다. 지금까지 그렇게 쓸쓸히 혼자만 지내다가 뜻밖에 그런 새가 와서 예쁘게 노래해 주니 어찌 기쁘지 않았겠습니까?

그래 그만 하도 사랑스러워서 품 안에 꼭 안아 주었더니 그 후로는 친한 동무가 되어서 날마다 그 동무가 찾아 주고 하는데, 그때까지도 그 친구의 성명은 모르고 지냈다가 얼마 후에야 그 친구가 와서 노래를 부르는데 마침 동네 아이들이 몰려오더니,

"애! 꾀꼬리 봐라, 꾀꼬리 봐!"

하는 통에 나도 비로소 내 친구의 이름이 꾀꼬리인 줄을 자세히 알았습니다.

그리고 그 다음에는 매미가 와서 늘 우는데, 그놈이 어떻게나 신선 노릇을 하려 드는지, 아침 해도 뜨기 전에 와서는 석양이 되어 해가 다 넘어가도록 한가로운 짓을 하고 앉았으니 그런 때는 동네 장난꾸러기 아이들이라도 좀 와서 그놈을 쫓았으면

* 어려서: 동물이나 식물 따위가 난 지 얼마 안 되어 작고 여려서.
* 조막: 주먹보다 작은 물건을 비유적으로 이르는 말.
* 석양: 해가 저무는 저녁때.

하는 얄미운 생각도 났었지만 그 대신 개미 떼란 놈들이 내 발부리 밑에 집을 짓고 부지런히 역사를 하는 데는 그것이 <u>가상스러워서</u> 발을 간질여도 그대로 버려두고 보았습니다.

[나]

사람도 오래 살면 눈앞에 못 볼 꼴을 많이 보는 것과 마찬가지로 나도 이렇게 5백 살이나, 6백 살이나 살려니까 차마 못 볼 <u>참혹한</u> 일도 많이 보았습니다. 제일 마음 쓰린 일은 나하고 처음 같이 커 가던 동네 친구들이 한 6, 70년 지나니까 하나씩 둘씩 죽어서 노랑 마포로 시체를 싸 가지고는 반드시 내 앞을 지나서 무덤으로 가는데, 그 시체 지나가는 것을 볼 때마다 나는 웬 셈인지 마음이 슬퍼서 견딜 수가 없었습니다. 한 번은 참 불쌍한 일이 내 눈 아래서 생겼습니다. 어디서 떠돌다 온 거지인지는 몰라도 지극히 <u>남루한</u> 의복을 걸치고 겨울날 추운 때 벌벌 떨며 병든 몸을 간신히 끌고 거적 한 닢을 메고 내 밑에 와서 신음 신음하는데 누구 하나 돌보아 주는 이 없고, 병은 더하고, 날은 춥고 해서 필경 그 거지는 내 밑에서 운명하고 말았는데, 그 ⓒ <u>시체</u>조차 치워 주는 이가 없어서 그해 겨울을 아무도 모르게 눈 속에 고이고이 묻혔다가, 그 이듬해 봄에야 어떤 동네 사람에게 발견되었으나 누가 그 임자 없는 송장을 알뜰히 살뜰히 묻어다 주겠습니까? 거적 두어 닢으로 둘둘 말더니 죽은 개새끼와 같이 끌어다가 저기 저 건너 산 끝에다가 맞가래질을 쳤답니다. 내가 본 시체 중에는 제일 가엾어 보인 시체가 그 거지의 시체였습니다. 그러자, 그해에는 별안간 그 동네에 큰 괴질이 돌아서 사람이 죽고 앓고 하는데, 동네 사람들은 그

---

* 발부리: 발끝의 뾰족한 부분.
* 역사: 땅이나 강에 공사를 하거나 건물을 짓는 일.
* 거적: 짚으로 자리처럼 만든 물건.
* 닢: 납작한 물건을 세는 단위.
* 신음: 병이나 고통으로 괴로워하며 내는 소리.
* 필경: 끝에 가서는.
* 맞가래질: 가래(농기구의 한 종류)로 흙을 파헤치거나 퍼 옮기는 일.
* 괴질: 콜레라(전염병의 한 종류)를 이르는 말.

거지가 죽어서 원혼이 되어 가지고 이 동네를 망치려 든다고 야단 야단이어서 밥을 한다, 떡을 한다, 해 가지고 와서 그 거지 죽은 자리에 와서 무당굿들을 하고 별별 짓을 다 하는데, 어떻게나 나는 얄미운지 손발을 움직일 수만 있다면 단번에 그놈의 밥그릇 떡그릇을 그저 내리부수어 놓고 싶었습니다. 그리고 © 사람들처럼 요사 비사한 것은 없다고 생각하는 동시에 그 가엾이 죽은 거지가 더한층 불쌍한 생각이 나서 견딜 수가 없었습니다. 6백 년이나 거의 살았으니 그간의 풍상이야 얼마나 많았겠습니까. 난리도 여러 번 치르고 병화(전쟁)도 여러 번 겪어서 죄 없는 몸에 탄알도 여러 번 맞았소이다. 앞으로인들 또 무슨 일이 생길지 알 수 있습니까? 기쁜 일이 생길지, 슬픈 일이 생길지 하여간 당신들이나 튼튼한 몸으로 잘 커나서 모든 좋은 일을 많이 하십시오.

* 원혼: 억울하게 죽은 사람의 영혼.
* 요사: 자신의 이익만 생각하는 등 마음이 바르지 못하고 못됨.
* 비사한: 마음대로 부리는.
* 풍상: 바람과 서리. 세상의 어려움과 고생을 많이 겪은 것을 비유적으로 이르는 말.

1 밑줄 친 낱말의 뜻풀이가 잘못된 것을 찾으세요. | 어휘 |

① 교묘한: 무섭고 징그러운.

② 가상스러워서: 착하고 기특해서.

③ 참혹한: 비참하고 끔찍한.

④ 남루한: 옷 등이 낡아서 해지고 차림새가 지저분한.

⑤ 운명하고: 사람의 목숨이 끊어지고.

2 ©의 비슷한 말을 [나]에서 찾아 쓰세요. | 어휘 |

3 이 글에서 말하는 이는 누구인가요? | 내용 파악 |

① 이 글을 쓴 방정환.

② 6백 년 가까이 산 느티나무.

③ 나뭇가지에 앉은 새 한 마리.

④ 나무를 시끄럽게 괴롭힌 매미.

⑤ 나무 아래에서 운명하고 만 거지.

4 이 글의 내용으로 맞는 것에는 O, 틀린 것에는 X 하세요. | 내용 파악 |

① 느티나무의 첫 친구는 새였다.   (   )

② 느티나무는 개미를 싫어했다.   (   )

③ 느티나무는 총알을 맞은 적이 있다.   (   )

④ 어느 겨울날, 거지가 느티나무 아래에서 죽었다.   (   )

⑤ 동네 사람들은 거지를 불쌍하게 여겨 떡을 하고 굿을 해 주었다.   (   )

5 ㉠의 이름을 찾아 쓰세요. | 내용 파악 |

_____

6 느티나무가 ㉢처럼 생각한 이유는 무엇인가요? | 내용 파악 |

① 사람들이 거지를 보살피지 않았기 때문에.

② 괴질이 돈다고 굿을 하는 등 미신을 믿기 때문에.

③ 느티나무 아래에서 시끄럽게 소리치며 싸웠기 때문에.

④ 사람들이 나무가 먹지 못하는 밥과 떡을 해 먹었기 때문에.

⑤ 거지를 묻어 주지도 않다가 병이 돌자 굿을 하는 등 별별 짓을 다했기 때문에.

7 [가]에서 느티나무를 찾아온 동물을 순서대로 쓰세요. | 내용 파악 |

$\rightarrow$ (두 번째 상자) $\rightarrow$ (세 번째 상자)

8 [나]에 나온 동네 사람들의 성격을 가장 잘 나타낸 것을 찾으세요. | 추론 |

① 죽은 거지를 위해 무당을 부르고 굿을 하다니 어리석다.

② 괴질을 예방하려고 열심히 노력하는 사람들이 부지런하다.

③ 자신들과 상관없는 사람을 위해 음식을 마련하였으니 착하다.

④ 시체를 겨울에 새하얀 눈 속에 고이고이 묻어두니 배려심이 깊다.

⑤ 처음에는 내버려 두다가 피해가 있을 것 같으니 굿을 하는 사람들이 이기적이다.

9 [나]에 나온 '거지'의 신세를 표현한 사자성어로 가장 알맞은 것을 고르세요. | 어휘 |

① 고진감래(苦盡甘來): 고생 끝에 즐거움이 온다는 말.

② 전화위복(轉禍爲福): 나쁜 일이 변하여 복이 된다는 말.

③ 작심삼일(作心三日): 결심이 사흘을 지나지 못한다는 말.

④ 사고무친(四顧無親): 의지할 데가 없이 외롭고 힘들다는 말.

⑤ 일석이조(一石二鳥): 한 가지 일로 두 가지 이득을 얻는다는 말.

10 이 글에 대한 느낌을 적절하지 <u>않게</u> 말한 사람은 누구인가요? | 감상 |

① 성규: 가여운 사람을 불쌍하게 여기는 느티나무가 다정해 보여.

② 연경: 느티나무는 어리석은 마을 사람들을 불쌍하게 생각하는 것 같아.

③ 미진: 느티나무도 우리처럼 기쁘고 슬픈 일을 겪으며 힘들게 살아온 것 같아.

④ 유영: 내가 느티나무였어도 거지를 돌보지 않은 마을 사람들에게 화가 났을 것 같아.

⑤ 하늘: 느티나무가 움직일 수 있었다면 가지를 내려 거지를 따뜻하게 감싸줬을 것 같아.

이 글은 동물학자이자 문학가였던 어니스트 톰슨 시턴이 쓴 〈시턴 동물기〉에 실린 '어미 여우 빅스의 위대한 사랑'이다. [가] ~ [마]에 이 글을 요약했다.

[가]

나는 여름 방학 때, 삼촌께서 살고 계시는 스프링필드에 갔다. 삼촌은 목장에서 많은 동물을 기르셨다. 그즈음 목장에서 하루에 한 마리씩 암탉이 없어졌다. 삼촌은 내게 범인을 찾아보라고 하셨다. 범인은 곧 여우로 밝혀졌다. 하지만 여우를 잡는 일은 쉽지 않았다. 나는 사냥개 레인저와 함께 여우를 잡으러 숲속을 돌아다녔다.

그러던 어느 날, 숲속 개울가에서 닭의 깃털을 발견했다. 나는 주변을 살피다가 암탉을 물고 개울을 건너는 여우를 보았다. 우리의 공격에 깜짝 놀란 여우는 물고 있던 암탉을 떨어뜨리고 숲으로 사라졌다.

[나]

숲에서 본 여우는 '스카페이스(상처 난 얼굴)'라고 불렸다. 스카페이스는 암컷 빅스와 함께 돌아다니곤 했다. 우리는 스카페이스와 빅스가 숲속에 살며 암탉을 훔쳐간다는 사실을 알아냈다.

며칠 후, 나는 여우 가족이 사는 굴을 발견하고 나무에 올라가 여우 가족을 살폈다. 여우 굴에는 새끼 여우 네 마리가 장난을 치며 놀고 있었다. 한참 후에 어미 여우 빅스가 암탉을 물고 나타나 새끼들에게 먹였다.

스카페이스와 빅스는 새끼들에게 사냥하는 법, 재빠르게 몸을 숨기는 법, 도망치는 법 등을 가르쳤다.

나는 여우들이 숨어 있는 굴을 삼촌에게 알려 드리지 않았다. 암탉들보다 어린 여우가 훨씬 소중했기 때문이다. 나와 레인저가 여우를 잡아 오지 못하자 삼촌은 직접 총을 들고 숲으로 가셨다. 며칠 뒤, ㉠ 삼촌은 총에 맞아 죽은 스카페이스를 들고 숲에서 돌아오셨다.

　스카페이스가 죽은 후에도 암탉은 계속 없어졌다. 삼촌은 화가 나서 길길이 날뛰셨다. 삼촌은 빅스와 새끼 여우들을 잡으려고 독이 묻은 고깃덩이를 숲에 뿌려 놓고, 저녁이면 총을 들고 죽은 여우가 있는지 살피러 나가셨다. 하지만 영리한 빅스는 독이 든 고기를 귀신같이 알아내고는 얼씬도 하지 않았다.

[다]

　어느 날, 삼촌은 여우를 잡으러 사냥개와 일꾼들을 데리고 숲으로 가셨다. 나도 따라나섰지만 ⓒ 여우 굴이 있는 곳을 말하지 않았다. 그때 누군가 "빅스다!" 하고 소리쳤다. 놀란 빅스는 개울 쪽으로 쏜살같이 달렸다. 삼촌과 레인저가 쫓아갔지만 허탕이었다. 잔뜩 약이 오른 삼촌은 일꾼들에게 소리치셨다.

　"아까 빅스가 있던 곳을 파시오. 분명 그쯤에 여우 굴이 있을 거요."

　일꾼들은 여우 가족의 보금자리를 찾아냈다. 굴속에는 새끼 여우 네 마리가 웅크리고 있었다. 내가 말릴 새도 없이 일꾼들은 삽을 휘둘렀다. 사나운 사냥개도 달려들어 새끼 여우 세 마리가 죽었다. 가장 몸집이 작은 여우는 내가 꼬리를 잡고 들어올린 덕분에 흥분한 개들한테서 가까스로 목숨을 건졌다. 우리는 죽은 새끼 여우들을 보금자리에 던져두고 흙으로 덮었다.

[라]

　집으로 돌아와 새끼 여우 목에 쇠사슬을 묶어 마당에 두었다. 밤이 되자 새끼 여우는 불안한 듯 왔다 갔다 했다. 사슬을 잡아당기거나 사납게 물어뜯기도 했다. 해가 기울자 빅스의 울음소리가 들려왔다. 하지만 밤이 깊어지자 조용해졌다. 나는 창문을 열고 밖을 내다보았다. 놀랍게도 빅스는 새끼 여우 옆에서 쇠사슬을 씹고, 새끼 여우는 어미의 젖을 빨고 있었다. 다음 날 아침, 마당으로 나가 보니 쇠사슬 한 군데가 망치로 두드린 것처럼 납작해져 있었다.

　나는 다시 여우 굴로 가 보았다. 그런데 그곳에는 우리가 묻었던 새끼 여우 세 마리가 땅 위에 놓여 있었다. 흙투성이가 된 새끼 여우들을 빅스가 혀로 핥아 놓은 것이다. 그 옆에는 죽은 암탉 두 마리도 있었다. 빅스는 새끼 여우들에게 젖을 물렸다.

하지만 새끼 여우들은 꿈쩍도 하지 않았다. 다음 날도 그다음 날도, 빅스는 여우 굴로 새끼들을 찾아왔다. 그러나 며칠 뒤부터 새끼들을 찾아오지 않았다. 새끼들이 죽었다는 사실을 깨달은 것 같았다.

[마]

삼촌네 암탉은 여전히 없어졌다. 화가 난 삼촌은 일꾼들에게 빅스가 눈에 보이면 곧바로 쏘아 버리라고 단단히 이르셨다. 여우가 좋아하는 닭 머리에 독을 묻혀 숲속에 뿌리기도 하셨다.

빅스는 밤마다 삼촌네 마당에 묶인 새끼를 찾아와 젖을 먹였다. 그리고 새끼를 탈출시키려고 쇠사슬을 물어뜯었다. 그러던 어느 날, 새끼를 만나러 온 빅스는 레인저에게 들키고 말았다. 빅스는 쏜살같이 도망쳤고, 레인저는 빅스를 쫓았다.

다음 날, 레인저는 피투성이가 된 채 기찻길에 숨져 있었다. 기차가 지나가는 때를 알고 있던 빅스가 레인저를 기찻길로 유인한 듯했다.

화가 난 삼촌은 빅스를 잡기 위해 직접 총을 드셨다. 빅스는 총에 맞을 위기를 겪으면서도 먹이를 물고 새끼를 찾아오는 일을 멈추지 않았다.

나흘째 밤, 빅스가 또다시 새끼를 찾아왔다. 그런데 이번에 빅스가 물고 온 먹이는 독이 든 닭이었다. 빅스는 독이 든 닭을 새끼 여우에게 던져주고 몸을 돌렸다. 잠시 뒤, 새끼 여우는 고통스러운 비명을 지르더니 이내 숨을 거두었다.

영리한 빅스는 독의 위력을 잘 알고 있었다. 빅스는 새끼를 비참한 죄수로 살 게 할 것인지 죽일 것인지를 두고 고민한 끝에, 새끼를 자유롭게 해 주기로 마음먹은 것 같았다. 비록 암탉을 훔쳐가서 목장에 피해를 주었지만, 새끼를 사랑하는 마음은 사람과 다를 바가 없었다.

그날 이후, 암탉은 더 이상 없어지지 않았다. 이렇게 해서 목장에 평화가 찾아왔지만 나는 빅스를 생각할 때마다 가슴 한구석이 아파 왔다.

* 이르셨다: 남한테 어떻게 하라고 말씀하셨다.
* 죄수: 죄를 지어 감옥에 갇힌 사람.

1 이 글의 중심인물은 누구인가요? | 인물 |

① 나   ② 빅스

③ 삼촌   ④ 레인저

⑤ 스카페이스

2 삼촌네 목장에서 어떤 일이 벌어졌나요? [가]에서 찾아 쓰세요. | 내용 파악 |

_____

3 어미 여우 빅스가 암탉을 훔쳐간 까닭은 무엇인가요? | 내용 파악 |

① 닭이 먹음직스러워 보여서.

② 새끼 여우들에게 먹이려고.

③ 자신이 가장 좋아하는 먹이라서.

④ 자신을 공격한 사람들에게 복수하려고.

⑤ 암탉을 잡아가면 날마다 달걀을 먹을 수 있어서.

4 이 글의 내용과 <u>다른</u> 것을 고르세요. | 내용 파악 |

① 레인저는 빅스에게 물려 죽었다.

② 스카페이스와 빅스는 여우 부부다.

③ 삼촌은 스프링필드에서 목장을 운영했다.

④ 삼촌은 독이 묻는 고깃덩이를 숲속에 뿌렸다.

⑤ 빅스는 새끼들에게 사냥하는 법, 재빠르게 몸을 숨기는 법, 도망치는 법 등을 가르쳤다.

5 '나'는 빅스가 왜 새끼에게 독이 묻은 닭을 주었다고 생각했나요? | 내용 파악 |

① 새끼가 먹겠다고 해서.

② 먹이를 가져다주는 일이 힘들어서.

③ 새끼를 돌보다가 자신이 죽을까 봐.

④ 독이 묻었다는 것을 몰랐기 때문에.

⑤ 새끼가 괴로워하는 모습을 더는 볼 수 없어서.

6 [라]에서 쇠사슬 한 군데가 망치로 두드린 것처럼 납작해진 까닭을 쓰세요. | 추론 |

_____

_____

7 아래 빅스의 행동에서 알 수 있는 사실은 무엇인가요? | 적용 |

> • 죽은 새끼 여우들을 혀로 핥아 털을 깨끗이 다듬었다.
> • 죽은 새끼 여우들에게 젖을 물렸다.
> • 잡혀간 새끼 여우를 구하기 위해 새끼가 묶인 쇠사슬을 씹었다.

① 여우는 어리석은 동물이다.

② 여우는 새끼를 낳는 동물이다.

③ 여우는 이빨이 매우 튼튼하다.

④ 여우도 죽으면 사람처럼 장례를 치른다.

⑤ 여우도 사람처럼 새끼를 사랑하는 마음이 있다.

8 다음 중 낱말 풀이가 <u>잘못된</u> 것을 고르세요. |어휘|

① 길길이: 화가 나서 펄펄 뛰는 모양.

② 허탕: 바라던 일이 이루어진 것.

③ 보금자리: 살기에 편안하고 아늑한 곳을 비유적으로 이르는 말.

④ 유인한: 남을 속여서 어떤 곳으로 끌어들인.

⑤ 위력: 무서울 만큼 매우 큰 힘.

9 '어머니가 자식에게 보이는 사랑'의 뜻을 지닌 낱말을 고르세요. |어휘|

① 모성애   ② 부성애   ③ 동포애

④ 형제애   ⑤ 인간애

10 ㉠의 모습을 보았을 때, '나'의 마음은 어땠을까요? |추론|

① 삼촌의 용감한 모습에 감동했다.

② 빅스가 복수할 것 같아 무서웠다.

③ 닭을 훔쳐간 범인을 잡아 후련했다.

④ 아빠를 잃은 새끼 여우들이 무척 걱정되었다.

⑤ 이제 삼촌이 화를 내지 않을 것이므로 기뻤다.

11 '나'가 ㉡과 같이 행동한 까닭으로 알맞은 것을 고르세요. |추론|

① 삼촌을 골려 주려고.

② 빅스와 새끼 여우들이 무서워서.

③ 새끼 여우들이 죽는 것이 안타까워서.

④ 나중에 혼자 와서 새끼 여우를 잡으려고.

⑤ 삼촌에게 미리 말하지 않은 것이 들통날까 봐.

옛날에 욕심 많은 임금과 관리들 때문에 백성들이 힘겹게 살고 있었다. 백성들은 영웅이 나타나 자신들을 비참한 삶에서 벗어나게 해 주기를 기대했다.

지리산 골짜기 어느 마을에, 자식 하나 얻기를 바라며 가난하게 살던 농부 부부가 있었다. 나이가 차도록 자식이 없던 이 부부에게 어느 날 아기가 들어섰다.

어느덧 열 달이 흘러 부인이 아기를 낳는데 어찌해도 탯줄이 잘리지 않았다. 가위와 낫을 가져다 대어도, 심지어 작두로 자르려 해도 소용이 없었다. 그러다 산에 가서 억새풀을 베어다 그것으로 탯줄을 치니 그제야 잘렸다.

부부는 그 아이에게 '우투리'라는 이름을 지어 주었다. 그런데 우투리는 갓난아기 때부터 남달랐다. 잠시 한눈을 팔면 어느새 선반 위에 올라가 있었고, 부모가 잠이 들면 장롱 위에 올라가 놀았다.

하루는 부부가 아기를 방에 혼자 두고 나와 문틈으로 들여다보니, 우투리가 겨드랑이에 있는 날개를 포르르 떨면서 방 안을 날아다니는 것이었다.

부부는 우투리가 예사 아기가 아니라는 것을 알고 시름에 잠겼다. 당시에는, 평범한 사람에게서 특별한 능력을 지닌 아이가 태어나면, 그 아이가 자라서 자신들에게 맞설 거라고 걱정한 관리들이 많았다. 그래서 임금이나 관리들은 그런 아이들이 크기 전에 없애 버렸다. 심지어 온 식구를 다 죽이기도 했다.

그래서 부부는 깊은 산속에 들어가 살기로 했다. 하지만 우투리라는 영웅이 지리산에 나타났다는 소문이 사람들 입에 오르내렸다. 결국, 그 이야기는 임금의 귀까지 들어갔다. 임금은 힘센 병사들을 뽑아 지리산으로 보냈다.

우투리는 그 사실을 어떻게 알았는지 숲속으로 사라져 버렸다. 병사들이 산을

* 들어섰다: 아이가 배 속에 생겼다.
* 작두: 나무토막에 긴 칼날을 달고 자루를 손이나 발로 눌러 풀 등을 써는 연장.
* 시름: 마음에 걸려 풀리지 않고 항상 남아 있는 근심과 걱정.

㉠ [   ] 뒤졌지만 우투리를 찾을 수는 없었다. 병사들은 우투리 부모를 잡아 가서는 곤장을 치고 물었다.

"우투리는 어디로 갔느냐? 있는 곳을 말해라!"

병사들이 아무리 모질게 물어봐도 부부는 대답할 수 없었다. 부부도 모르기 때문이었다. 병사들은 포기하고 사흘 만에 부부를 풀어 주었다.

우투리는 집에 들어와 부모를 보고 눈물을 흘렸다. 며칠 뒤, 우투리가 콩 한 말을 가져와서 어머니께 한 알도 빠짐없이 볶아 달라고 했다. 어머니가 볶는데 콩 한 알이 튀어나와 바닥에 떨어졌다. 어머니는 배가 고파 그 콩 한 알을 입에 넣고 말았다.

우투리는 어머니가 볶아 준 콩으로 갑옷을 만들었다. 콩을 하나하나 이어 붙이니 갑옷이 되었다. 그런데 어머니가 먹은 그 한 알이 부족했다. 그래서 왼쪽 겨드랑이를 가리지 못했다.

"어머니, 잠시 후에 병사들이 몰려올 거예요. 혹시 제가 싸우다 죽거든 뒷산 바위 아래에 묻어 주세요. 그때 꼭 좁쌀, 콩, 팥을 석 되씩 같이 넣어 주세요. 그리고 삼 년 동안 누구에게도 묻힌 곳을 가르쳐 주지 마세요."

잠시 뒤, 왕의 장수들이 병사들을 데리고 나타났다. 우투리는 콩으로 만든 갑옷을 입고 집 앞에 서서 병사들을 막았다. 병사들은 우투리의 기개에 겁을 먹고 가까이 오지 못했다. 멀리서 화살이 몰아쳐도 다 부러질 뿐 우투리는 멀쩡했다. 하지만 마지막 화살이 ㉡ 갑옷의 빈틈에 맞아 우투리가 쓰러졌다.

그 모습을 본 장수들은 병사들을 데리고 돌아갔다. 부부는 죽은 아들을 붙들고 통곡했다. 그러고는 우투리가 말한 대로 뒷산 바위 아래에 구덩이를 파고 좁쌀, 콩, 팥과 함께 묻어 주었다.

---

* 곤장: 옛날에, 죄인의 엉덩이를 때리던 도구.
* 모질게: 몹시 매섭고 사납게.
* 말, 되: 곡식, 액체, 가루 등의 부피를 재는 데에 쓰는 단위.
* 갑옷: 옛날에 군인이 싸움터에서 칼, 화살들에 다치지 않으려고 입던 옷.
* 기개: 씩씩한 모습과 태도.
* 통곡: 소리를 높여 슬피 우는 것.

우투리가 죽은 지 삼 년쯤 되던 어느 날, 병사들이 다시 우투리네 집에 찾아왔다. 우투리가 아직 살아 있으며, 지리산 속에서 병사를 기르며 때를 기다린다는 소문 때문이었다. 이런 소문이 임금 귀에 들어가자 임금이 직접 나섰다.

임금이 우투리의 행방을 물었지만, 부부는 대답하지 않았다. 임금이 칼을 꺼내어 아버지 목에 대었다. 어머니는 대답할 수밖에 없었다.

"뒷산 바위 아래에 묻었어요."

임금은 부하들을 데리고 가서 바위 아래를 파 보았다. 하지만 흙을 아무리 깊게 파도 우투리의 시신은 없었다. 임금이 자세히 보니 우투리가 있을 만한 곳은 바위 속뿐이었다. 바위를 쪼개서 그 안을 보고 싶었지만, 임금과 부하들에게는 그 바위를 부술 방법이 없었다. 임금은 다시 부부에게 다가갔다.

"우투리에게 무언가 특별한 것이 있었느냐? 낳을 때 어떤 일이 있었느냐?"

어머니는 임금이 아버지를 죽일까 두려워 말을 할 수밖에 없었다.

"낳을 때 탯줄이 끊기지 않아 억새풀로 잘랐습니다."

임금은 부하에게 억새풀을 베어 오라고 시켜 바위를 치니, 바위가 쩍 갈라졌다. 그 틈을 들여다보니 우투리가 살아 있었다. 좁쌀이 병사가 되었고, 콩은 말, 팥은 투구로 변해 있었다. 우투리는 바위 속에서 병사들을 훈련시켜 왔다.

우투리가 말을 타려고 한 발을 안장에 얹었을 때, 임금이 바위를 갈라 버렸다. 갈라진 바위틈으로 공기가 흘러 들어가자 병사, 말, 투구 등이 모두 녹아 없어졌다. 말을 타려던 우투리도 녹아 사라져 버렸다. 그날은 우투리가 말한 삼 년에서 하루가 모자란 날이었다.

바위가 갈라져 우투리와 병사들이 사라지던 순간, 지리산의 어느 냇가에서 날개 달린 말이 나타나 사흘 동안 울었다. 사흘이 지나자 말이 스스로 냇물에 들어갔다. 하지만 그 뒤에도 물속에서 말 우는 소리가 종종 들려 왔다. 백성들은 그 소리를 들을 때면 아직도 우투리가 물속에서 살고 있다고 믿었다.

(전설)

* 시신: 죽은 사람의 몸.
* 투구: 쇠로 만든 모자.

1 '사람이나 가축의 몸에 붙어 피를 빨아먹는 곤충'이 들어간 말입니다. '구석구석 빈틈없이 모조리'라는 뜻의, ㉠에 들어갈 말을 찾으세요. |어휘|

① 벌잡듯이   ② 이잡듯이   ③ 벼룩잡듯이

④ 개미잡듯이   ⑤ 모기잡듯이

2 다음 중 '우투리'의 죽음을 짐작할 수 있는 사건은 무엇인가요? |추론|

① 콩으로 갑옷을 만든 일.

② 임금이 부모를 잡아간 일.

③ 억새풀로 탯줄을 자른 일.

④ 어머니가 콩 한 알을 먹은 일.

⑤ 좁쌀, 콩, 팥으로 병사를 만든 일.

3 ㉡이 가리키는 곳을 이 글에서 찾아 쓰세요. |내용 파악|

_____

4 다음 중 우투리의 특별한 능력이 <u>아닌</u> 것을 찾으세요. |내용 파악|

① 날개로 날아다닐 수 있다.

② 죽고 나서도 바위 속에서 병사들을 훈련시켰다.

③ 화살을 막을 만큼 튼튼한 갑옷을 콩으로 만들었다.

④ 병사들에게 혼나고 돌아온 부모를 보며 눈물을 흘렸다.

⑤ 임금이 보낸 장수가 오는 것을 미리 알고 숲속으로 사라졌다.

5 우투리가 부모님에게 반드시 지켜 달라고 한 부탁을 두 가지 찾으세요. |내용 파악|

① 억새풀로 탯줄을 잘라 달라고 했다.

② 임금을 피해 산속에 들어가 살라고 했다.

③ 좁쌀과 콩, 팥을 넣어 밥을 지으라고 했다.

④ 콩 한 말을 한 알도 빠짐없이 볶아 달라고 했다.

⑤ 죽거든 뒷산 바위 아래에 묻고 삼 년 동안 아무에게도 그곳을 가르쳐 주지 말라고 했다.

6 다음은 이 글의 내용을 정리한 것입니다. 순서에 맞게 번호를 쓰세요. |줄거리|

> ① 우투리의 특별한 능력 때문에 죽임을 당할까 봐 식구 모두 산속에 들어갔다.
>
> ② 죽은 지 삼 년에서 하루가 모자란 날, 바위가 갈라져 우투리와 병사들이 녹아 사라졌다.
>
> ③ 볶은 콩으로 만든 갑옷을 입고 싸우다가 우투리가 죽고 말았다.
>
> ④ 우투리가 태어날 때 탯줄을 억새풀로 잘랐다.
>
> ⑤ 우투리가 특별한 능력을 지녔다는 소문을 듣고 장수들이 우투리를 찾으러 왔다.

□ → □ → □ → □ → □

7 이 글을 잘못 읽은 사람은 누구인가요? |감상|

① 진현: 병사를 만들어 나라를 혼란스럽게 하려고 한 우투리가 나빠.

② 미리: 하루 차이로 우투리의 계획이 물거품이 되어서 너무 아쉬워.

③ 현주: 부모가 목숨을 걸고 우투리를 지켜 주었다면 결과가 달라졌을 거야.

④ 민정: 자신의 욕심을 위해 뛰어난 백성을 죽이려고 한 임금이 못됐다고 생각해.

⑤ 준식: 옛날에도 욕심 많고 나쁜 관리들에게 괴롭힘을 당한 백성들이 많았던 것 같아.

이 글은 아일랜드의 작가 오스카 와일드의 작품 〈행복한 왕자〉다.

[가]는 전체를 요약한 글이고, [나]는 글의 앞부분, [다]는 끝부분이다.

[가]

옛날 어느 도시의 광장에 '행복한 왕자'라 불리는 동상이 있었다. 동상의 겉면은 순금으로 덮여 있었고 눈에는 사파이어가 반짝였다. 그리고 왕자의 손에 쥐어진 칼자루에는 커다란 루비가 박혀 있었다.

어느 날, 제비 한 마리가 노란 나비를 따라 날다가 친구들을 놓치고 혼자 남았다. 제비는 갈대에게 마음을 빼앗겨 갈대 곁에 맴돌았다. 그래도 제비는 ㉠ 따뜻한 나라로 가야만 했기 때문에 갈대와 헤어질 수밖에 없었다.

이집트를 향해 한참을 날던 제비는 밤이 되어 어느 도시에 도착했다. 그 광장에는 멋진 ㉡ 조각품이 있었다. 그 조각품의 두 발 사이에 내려앉아 눈을 붙이려던 그때, ㉢ 물방울이 제비의 날개에 떨어졌다. 제비가 올려다보았지만, 하늘에는 구름 한 점 없었다. 이상했지만 제비는 다시 잠을 청했다. 하지만 곧 또 물방울이 떨어졌다. 다른 곳으로 날아가서 쉬려고 날개를 펼치는데 물방울이 또 떨어졌다. 위를 쳐다보니 행복한 왕자의 두 눈에서 눈물이 흘러내리고 있었다.

왕자는 인간이었을 때 늘 즐겁고 행복했다. 그런데 조각품이 되어 마을을 내려다보니 눈물을 흘릴 수밖에 없었다. 사람들의 모습이 불쌍했기 때문이었다. 하지만 왕자는 움직이지 못해서 사람들을 도와줄 수 없었다. 그래서 제비에게 도움을 요청했다.

왕자는 칼자루에 박힌 루비를 가난한 집 어머니에게 가져다주라고 했다. 그 집 아이가 아파 누워 있으면서 오렌지를 먹고 싶어 하는데 돈이 없어 밥도 제대로 먹지 못했기 때문이었다. 제비는 바느질에 지쳐 잠든 어머니 옆에 왕자의 루비를 떨어뜨렸다. 그러고는 아파서 열이 나는 아이의 이마 위에서 날갯짓을 해 주었다.

제비는 이제 정말 남쪽 나라로 날아가야만 했다. 하지만 왕자는 제비에게 한 번만 더 도와 달라고 부탁했다. 이번에는 자신의 ㉣ <u>한쪽 눈</u>을 빼서 가난한 작가에게 가져다주라는 것이었다. 제비는 왕자의 간절한 부탁을 모른 체할 수 없었다. 그래서 보석을 뽑아 작가의 집 화분에 떨어뜨렸다.

　　다음 날에도 왕자는 애원하듯 제비에게 부탁했다. 제비는 더 늦기 전에 따뜻한 나라로 빨리 날아가야 했지만, 왕자의 부탁도 무시할 수는 없었다. 왕자는 성냥을 파는 소녀에게 ㉤ <u>나머지 눈 하나를</u> 뽑아 전해 주라고 말했다. 제비는 왕자를 말렸지만, 왕자의 마음은 굳건했다. 마침내 제비는 왕자의 눈에 박힌 보석을 뽑아 소녀의 손바닥에 떨어뜨려 주었다.

　　왕자는 이제 따뜻한 나라로 가라고 말했지만, 제비는 영원히 왕자의 곁에 남겠다고 했다. 제비는 앞을 못 보는 왕자의 어깨에 앉아 자신이 여행하며 본 것들을 이야기해 주었다. 또 도시 위를 날아다니며 본 것을 왕자에게 알려 주었다.

　　왕자는 가난한 사람들의 이야기를 들을 때마다 가슴이 아팠다. 왕자는 자신의 몸을 덮고 있는 금을 벗겨 가난한 사람들에게 나누어 주라고 제비에게 마지막 부탁을 했다. 곧 가난한 집 아이들은 즐겁게 웃으며 놀 수 있게 되었다. 하지만 그만큼 왕자의 몸은 보기 흉해졌다.

　　겨울이 찾아온 어느 날, 제비는 자신의 죽음을 예감했다. 제비는 왕자의 손에 입맞춤하고는 왕자의 발에 떨어져 죽고 말았다.

　　제비의 죽음에 충격을 받아 왕자의 심장이 쪼개졌다. 사람들은 초라해진 왕자 동상을 부수어 용광로에 넣어 버렸다. 하지만 왕자의 심장은 끝내 녹지 않았다.

　　하느님은 천사에게 그 도시에서 가장 귀중한 것 두 개를 가지고 오라고 했다. 천사는 왕자의 심장과 제비의 시체를 바쳤다. 하느님은 왕자와 제비를 천국에서 영원히 행복하게 살게 해 주었다.

[나]

"제비야, 내가 사람이었을 때 나는 커다란 궁전에서 항상 즐겁게 살았어. 사람들은

* 용광로: 광석을 아주 높은 열로 녹여서 금속을 뽑아내는 시설.

나를 '행복한 왕자'라고 불렀지. 그런데 죽은 후에는 이렇게 높은 곳에 세워져 이 도시의 슬픔을 모두 보고 말았단다."

제비는 아무 말 없이 왕자의 이야기를 들었다.

"저기 좁은 골목길에 집 한 채가 있어. 아주머니는 아들과 함께 사는데 바느질을 해서 겨우 살고 있단다. 그런데 그 집 아들이 매우 아파. 열 때문에 갈증이 나서 오렌지를 먹고 싶다는데 오렌지를 살 돈이 없다는구나. 제비야, 내 칼자루의 루비를 저 아주머니에게 가져다주겠니?"

"왕자님, 저는 하루빨리 친구들에게 가야 해요. 친구들이 저 먼 남쪽 나라에서 저를 기다리고 있어요."

"제비야, 단 하룻밤이라도 좋으니 내 심부름을 해 주렴. 저 아이와 어머니가 불쌍해서 보고 있을 수가 없구나."

"왕자님, 울지 마세요. 하룻밤만 더 남을게요."

제비는 왕자의 부탁대로, 칼에서 루비를 뽑아 입에 물고는 그 집 지붕 위로 날아갔다. 제비는 어머니의 옆에 커다란 루비를 떨어뜨렸다. 잠든 아이의 이마에 날갯짓을 해 주고는 왕자에게 돌아왔다.

"왕자님, 이상한 일이에요. 이렇게 추운 밤인데 몸은 무척 따뜻해졌어요."

"ⓗ _____"

[다]

사람들은 '행복한 왕자'를 부숴 버렸다. 아름답지 않은 조각품은 필요 없다고 생각했다. 부서진 조각품은 용광로에 버려졌다. 그런데 이상한 일이 벌어졌다. 왕자의 쪼개진 심장은 용광로에서도 녹지 않았다.

이 일은 하늘나라까지 전해졌다. 하느님은 천사에게 이 도시에서 가장 귀한 것 두 개를 가져오라고 했다. 천사는 왕자의 심장과 제비를 바쳤다.

하느님이, 제비는 뜰에서 언제든지 지저귀게 했다. 또 행복한 왕자는 황금의 도시에서 영원히 행복하게 살게 하였다.

* 날갯짓: 새가 날개를 펴서 위아래로 움직이는 것.

1 이 글에 나오는 제비의 성격을 가장 잘 나타낸 것을 찾으세요. |추론|

① 거짓말을 잘한다.

② 부끄럼을 잘 탄다.

③ 오늘 할 일을 내일로 미룬다.

④ 다른 사람의 말을 무조건 따른다.

⑤ 어려운 사람을 잘 돕고, 책임감이 강하다.

2 다음 설명에 알맞은 보석의 이름을 [가]에서 찾아 쓰세요. |어휘|

> 붉은빛을 띤 단단한 보석.

3 ㉠ ~ ㉢이 뜻하는 것을 [가]에서 찾아 쓰세요. |내용 파악|

㉠ 따뜻한 나라

㉡ 조각품

㉢ 물방울

4 ㉣과 ㉤은 같은 보석입니다. 그 보석의 이름을 쓰세요. |내용 파악|

5 이 글의 내용으로 맞는 것에는 O, 틀린 것에는 X 하세요. |내용 파악|

① 제비는 보석을 노리고 왕자에게 접근했다. ( )

② 제비는 끝까지 왕자의 부탁을 다 들어주었다. ( )

③ 제비와 왕자가 만난 순간에 하늘에서 소나기가 내렸다. ( )

④ 사람들이 왕자 동상을 용광로에 넣었지만, 심장은 녹지 않았다. ( )

6 제비가 왕자에게 갔을 때, 왕자는 왜 울고 있었나요? |내용 파악|

① 날씨가 너무 추워서.

② 도시의 슬픔을 직접 보았기 때문에.

③ 항상 서 있어서 다리가 아팠기 때문에.

④ 혼자 높은 곳에 있어서 외로웠기 때문에.

⑤ 친구들과 함께 남쪽으로 가지 못한 제비가 불쌍해서.

7 행복한 왕자에게서 도움을 받은 사람들은 어떤 공통점이 있나요? |내용 파악|

① 행복하다. ② 아프다.

③ 왕자의 친구들이다. ④ 가난하다.

⑤ 왕자를 좋아한다.

8 제비가 관심을 두고 곁에 머문 것을 순서대로 쓰세요. |내용 파악|

노란 나비 → [ ]

→ [ ]

9 ㅂ에 가장 알맞은 왕자의 대답을 고르세요. |추론|

① "정말 이상하구나. 병원에 가 보렴."

② "그건 네가 좋은 일을 했기 때문이야."

③ "심부름하기 싫어서 꾀병을 부리는구나!"

④ "아픈 아이에게서 감기를 옮은 모양이구나. 미안하다."

⑤ "그건 네가 날아다녔기 때문이야. 운동을 하면 몸이 따뜻해진단다."

10 제비가 왕자의 곁을 떠나지 <u>않은</u> 까닭은 무엇인가요? |추론|

① 날아갈 힘이 없어서.   ② 날씨가 너무 추워서.

③ 남쪽으로 가는 길을 몰라서.   ④ 왕자가 못 가게 말려서.

⑤ 따뜻한 마음을 지닌 왕자를 돕고 싶어서.

11 이 글을 읽고 친구들과 이야기를 나누었습니다. 이 글과 어울리지 <u>않는</u> 느낌을 말한 사람은 누구인가요? |감상|

① 형중: 왕자는 제비를 심부름꾼으로 이용했어. 제비의 입장은 생각하지 않고 자신의 부탁만 요구한 왕자는 너무 이기적이야.

② 찬미: 왕자는 불쌍한 사람들을 위해 기꺼이 자신을 희생했어. 힘든 사람들을 생각하는 왕자가 훌륭하다고 생각해.

③ 영찬: 제비는 추운 겨울을 나지 못하는데도 왕자의 부탁을 듣고 어려운 사람들을 도왔어. 자신의 이익보다 남을 돕는 일에 앞장 선 제비의 마음씨에 감동했어.

④ 소미: 왕자와 제비 모두 주위 사람들을 도왔어. 나도 이제 주변에 어려운 사람이 없는지 살펴보아야 하겠어.

⑤ 진영: 제비는 자기가 죽을 것을 알면서 왕자를 도와줬을 거야. 제비야말로 하늘이 내려 준 천사 같아.

이 글은 벨기에 작가 모리스 마테를링크가 쓴 〈파랑새〉다.

[가], [다], [마]는 이야기의 중요 부분을 요약했고, [나], [라]는 원래의 글이다.

[가]

산 아랫마을 오두막집에 오빠 틸틸과 여동생 미틸이 살고 있다. 남매의 아버지는 가난한 나무꾼이다. 크리스마스 전날 밤, 남매는 음식을 가득 차려 놓고 파티를 즐기는 앞집 가족을 보며 부러워한다. 그때 요술쟁이 할머니가 나타나 자신의 아픈 손녀가 행복할 수 있게 파랑새를 찾아 달라고 부탁한다. 그러고는 남매에게 과거와 미래로 갈 수 있는, 다이아몬드가 달린 마법 모자를 준다.

틸틸과 미틸은 빛의 요정의 안내를 받아 개 요정, 고양이 요정, 빵 요정 등을 데리고 파랑새를 찾아 떠난다. 남매가 처음 도착한 곳은 '추억의 나라'다.

[나]

"할아버지! 할머니! 저희가 왔어요."

틸틸과 미틸이 소리치며 달려가자, 할아버지와 할머니는 잠에서 깨어나며 기지개를 켰다. 남매는 한달음에 달려가 할아버지, 할머니 품에 안겼다.

"어디 보자, 정말 틸틸과 미틸이로구나. 많이 컸구나."

할머니는 두 아이의 뺨에 번갈아 입맞춤하며 기뻐했다.

"그런데 그동안 왜 한 번도 찾아오지 않았니?"

"오고 싶어도 올 수 없잖아요. 오늘은 요술쟁이 할머니의 도움으로 왔어요."

"무슨 말이냐? 너희가 우리를 생각하기만 해도 언제든 만날 수 있는데……."

"살아 있는 사람들은 그걸 알 수가 없지. 우리도 살아 있을 땐 몰랐잖소."

"맞아요. 우리도 몰랐지요."

할아버지와 할머니는 서로 마주 보며 웃었다.

[다]

　남매는 '추억의 나라'에서 파랑새를 찾아 가져온다. 하지만 추억의 나라에서 나오자마자 새의 깃털은 까맣게 변한다.

　그다음 찾아간 곳은 '밤의 궁전'이다. 틸틸은 밤의 궁전에 있는 모든 방을 열어 본다. 첫 번째 방에는 유령, 두 번째 방에는 병균, 세 번째 방에는 전쟁, 네 번째 방에는 침묵이 있었다. 남매는 마지막 방에서 꽃밭을 날아다니는 파랑새를 발견하고 새장에 담아 온다. 하지만 궁전을 빠져나오자 파랑새는 죽고 만다.

　파랑새를 찾아 숲으로 들어간 남매는 떡갈나무 대왕에게 파랑새를 달라고 부탁한다. 그러나 숲속의 나무와 동물 요정들은 증오심을 품고 남매를 공격한다. 남매가 자신들을 해치는 나무꾼의 아이들이기 때문이다. 그때 빛의 요정이 나타나 위기에 처한 틸틸 일행을 구한다. 그리고 '행복의 나라'로 떠난다.

　'행복의 나라'에는 부자 요정과 사치 요정들이 아무 일도 하지 않고, 먹고 마시고 떠들며 산다. 틸틸이 마법 모자의 다이아몬드를 돌리자 사치스러운 생활을 하던 요정들은 흉한 모습으로 변해 '불행의 동굴'로 떨어진다.

[라]

"사치스러운 생활을 하다 모든 것을 잃어버린 이들이 갈 곳은 '불행의 동굴'밖에 없지요. 그곳에 발을 들여놓으면 다시는 빠져나올 수 없답니다."

빛의 요정 말에 미틸과 개 요정 그리고 빵 요정과 사탕 요정은 아무 말도 못 했다.

그때 틸틸은 눈 앞에 펼쳐진 아름다운 궁전을 보고 깜짝 놀랐다.

"빛의 요정님, 여긴 어딘가요? 정말 예뻐요."

"우린 다른 곳으로 가지 않았어요. ㉠<u>마음의 눈이 바뀌었을 뿐, 달라진 건 하나도 없어요. 이제 진정한 행복이 보일 거예요.</u>"

그때 '행복'이 무리를 지어 나타나 틸틸 일행을 둘러쌌다. 행복들은 옷자락을 휘날리며 춤을 추었다. 행복들이 춤을 출 때마다 환상적인 소리를 냈다.

"빛의 요정님, 저들이 모두 행복 요정들인가요?"

* 증오심: 미워하는 마음.
* 사치스러운: 분수에 넘치게 많은 돈을 쓰면서 호화스러운.

"그럼요, 세상에는 사람들이 생각하는 것보다 훨씬 많은 행복이 있어요. ⓒ 행복 요정은 늘 사람들 곁에 있지만, 사람들이 그 사실을 모를 뿐이지요."

그때 한 행복 요정이 틸틸에게 다가와 인사했다

"우리는 너희 집에 사는 행복들이야. 나는 그중에 으뜸인 '건강한 행복'이고."

"뭐라고? 우리 집에도 행복이 이렇게 많다고?"

"너희 집은 문이 터질 정도로 행복으로 가득 차 있어. 네가 행복을 엉뚱한 데서 찾느라 우리를 알아보지 못할 뿐이지. 자, 그럼 우리 소개를 할게. 내 옆에 있는 친구는 '맑은 공기의 행복', 이 친구는 '부모님을 사랑하는 행복', 파란 옷의 친구는 '파란 하늘의 행복', 초록 옷의 친구는 '숲의 행복'이야."

'부모님을 사랑하는 행복'은 다른 행복들과 달리 우울한 빛깔의 옷을 입고 있었고, 얼굴은 슬픔에 잠겨 있었다. 틸틸이 그 까닭을 물었다.

"아무도 이 친구의 행복을 알아주지 않아서 그래. '부모님을 사랑하는 행복'을 아는 사람은 많지 않거든."

그 순간 틸틸과 미틸은 잠시 부모님의 얼굴을 떠올렸다.

[마]

'행복의 나라'에도 파랑새는 없었다. 틸틸 일행이 마지막으로 간 곳은 앞으로 태어날 아기들이 사는 '미래의 나라'다. 남매는 그곳에서 미래의 동생을 만나 엄마에 대해 말해 준다. 하지만 미래의 나라에서도 파랑새는 찾지 못한다.

아쉬움만 남긴 채 틸틸과 미틸은 집으로 돌아온다. 그런데 모험을 마친 남매의 눈에 주변이 달라 보이기 시작한다. 초라하게 느껴졌던 집은 따뜻하고 아늑해 보이고, 엄마와 아빠도 이전보다 훨씬 근사해 보인다. 그리고 놀라운 일은 틸틸이 키우던 멧비둘기의 깃털이 파란색으로 변해 있는 것이다. 이때 옆집에 사는 베랑고 할머니가 찾아온다. 아픈 손녀를 위해 새를 줄 수 있느냐는 할머니의 말에 남매는 선뜻 파랑새를 내어 준다.

며칠 후, 병이 나은 손녀와 함께 베랑고 할머니가 찾아온다. 틸틸이 먹이 주는 방법을 알려 주려고 다가가자 손녀의 품에 있던 파랑새가 창문으로 날아간다. 손녀가 눈물을 터뜨리자 틸틸이 파랑새를 다시 잡아주겠다며 위로한다.

1 이 글의 시간적 배경은 언제인가요? **| 배경 |**

① 크리스마스 전날 밤.   ② 크리스마스 아침.

③ 크리스마스 밤.   ④ 크리스마스 다음 날 아침.

⑤ 크리스마스 다음 날 밤.

2 이 글에서 파랑새가 뜻하는 것은 무엇인가요? **| 추론 |**

① 추억   ② 여행   ③ 행복

④ 돈   ⑤ 할머니, 할아버지

3 요술쟁이 할머니는 왜 파랑새가 필요했나요? **| 내용 파악 |**

① 아픈 손녀를 행복하게 해 주려고.

② 할머니가 파랑새를 키우고 싶어서.

③ 손녀가 아프기 전에 키우던 새라서.

④ 파랑새는 신비한 능력을 지닌 동물이라서.

⑤ 틸틸과 미틸에게 과거와 미래를 보여 주려고.

4 [가] ~ [다]의 내용과 같은 것을 고르세요. **| 내용 파악 |**

① 남매 아버지의 직업은 농부다.

② 할아버지, 할머니는 이웃 마을에 살고 있다.

③ 요술쟁이 할머니는 남매에게 금이 달린 마법 모자를 주었다.

④ 빛의 요정은 나무와 동물 요정에게 공격받던 남매를 구해 준다.

⑤ 밤의 궁전에서 가져온 파랑새는 새장을 열자마자 날아가 버린다.

5 다음은 남매가 파랑새를 찾아 떠난 곳을 순서대로 정리한 것입니다. 빈칸에 알맞은 장소를 쓰세요. |배경|

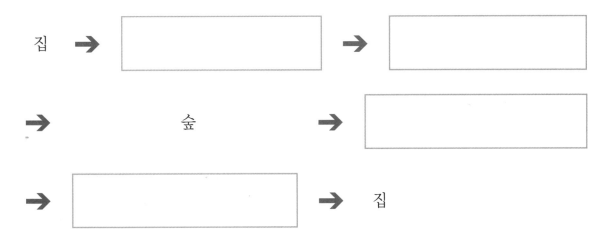

집 → ☐ → ☐

→ 숲 → ☐

→ ☐ → 집

6 밑줄 친 ㉠처럼 행동한 사람은 누구인가요? |적용|

① 친구들의 단점만 보고 흉을 보는 은찬.

② 그림을 못 그려서 만화가의 꿈을 포기한 정수.

③ 수학경시대회에서 이등을 하여 풀이 죽은 세정.

④ 공부 못하는 자신은 쓸모없는 사람이라 생각하는 은경.

⑤ 노래는 못하지만 운동을 잘하는 자신을 사랑하는 현빈.

7 밑줄 친 ㉡의 까닭이 <u>아닌</u> 것을 고르세요. |추론|

① 자신이 가진 것에 만족하지 못해서.

② 남보다 더 많이 가지려고 욕심을 내서.

③ 자신을 보지 않고 남과 경쟁하여 이기려고만 해서.

④ 남들과 비교하며 다른 사람이 가진 것을 부러워해서.

⑤ 자기의 분수를 알고, 자신이 처한 상황을 받아들여서.

8 행복하게 보이던 부자 요정과 사치 요정들이 가게 된 곳은 결국 어디인가요? **｜내용 파악｜**

_____

9 다음은 부자 요정과 사치 요정이 한 말입니다. 가장 관련있는 사자성어를 고르세요.
｜배경지식｜

> "아, 우린 뭐 일 년 내내 아무 일도 하지 않는답니다. 그래도 쉴 틈이 없지요. 그저 먹고, 마시고, 떠드는 것만으로도 무척 바쁘답니다. 그렇지만 우리는 행복하게 살고 있어요."

① 동고동락(同苦同樂): 괴로움과 즐거움을 함께한다는 뜻.
② 무위도식(無爲徒食): 하는 일 없이 먹고 놀기만 한다는 뜻.
③ 자급자족(自給自足): 자기에게 필요한 것은 스스로 만들어서 쓴다는 뜻.
④ 주야장천(晝夜長川): 밤낮을 가리지 않고 어떤 일을 계속한다는 뜻.
⑤ 안분지족(安分知足): 편안한 마음으로 자기 분수를 지키며 삶을 만족한다는 뜻.

10 이 글의 내용과 어울리지 <u>않는</u> 말을 한 사람은 누구인가요? **｜감상｜**

① 수연: 내가 갖고 있는 것에 만족하고 감사할 줄 아는 마음이 행복이야.
② 정은: 행복은 과거나 미래에 있지 않아. 지금 내가 처한 환경에서 찾을 수 있어.
③ 지민: 행복은 생각에 달렸어. 어떻게 생각하느냐에 따라 행복하기도, 불행하기도 해.
④ 은혁: 공부를 못하면 행복하게 살 수 없어. 열심히 공부해서 좋은 직업을 가져야 해.
⑤ 재원: 가족과 함께 살고, 친구들과 마음껏 뛰어놀 수 있는 것도 행복이란 걸 알았어.

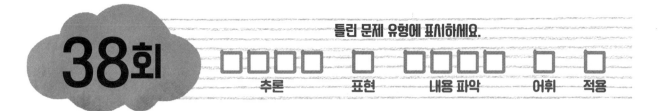
이 글은 방정환이 쓴 〈만년 샤쓰〉다. [가]는 이야기의 앞부분을 요약한 글이다. [나]는 뒷부분으로 원래의 글을 그대로 실었다.

[가]

창남이는 반에서 제일 인기 좋고 쾌활한 소년이다. 비행사 안창남과 이름이 비슷해서 친구들은 모두 '비행사'라고 불렀다.

창남이는 친구들에게 걱정이나 곤란한 일이 생기면 분위기를 살리고 문제를 해결해 내었다. 또 앞에 나서서 토론도 잘했다. 이렇게 뭐든 잘할 것 같은 창남이도 못하는 것은 있었다. 철봉을 잘 넘지 못해서 체조 선생님께 흉을 잡혔다. 그 이후로 한동안 창남이는 방과 후에 혼자 남아 철봉 연습을 하였다.

창남이는 집안 형편 이야기가 나오면 입이 무거워지곤 했다. ⊙ 집안 사정이 무척 나빴기 때문이었다. 모자나 바지가 해져도 새것을 사지 못하고 기워 입었다.

어느 날은 구두가 떨어져서 그걸 고쳐 신고 오느라 학교에 지각을 한 적도 있었다. 그날 체조 시간, 선생님은 꽁꽁 싸맨 구두를 어이없게 바라보았다. 그러고는 여느 날처럼 학생들에게 웃옷을 벗으라고 했다. ⓒ 다른 친구들은 옷을 벗었지만 창남이는 그러지 못했다. ⓒ [   ] 때문이었다. 선생님의 호통으로 결국 옷을 벗은 창남이는 아무것도 입지 않은 자신의 상체를 '만년 샤쓰'라고 재미있게 표현했다. 그 뒤로 '비행사'였던 창남이의 별명은 '만년 샤쓰'로 바뀌었다.

그다음 날도 친구들은 창남이의 모습을 보고 웃을 수밖에 없었다. 추운 겨울인데

---

* 샤쓰: 셔츠. 여기서는 상체(몸의 윗부분)에 입는 속옷을 말한다.
* 기워: 꿰매어.
* 여느: 다른 보통의.

얇은 바지를 입고 버선도 신지 않은 채 짚신만 신고 왔기 때문이었다. 친구들은 그 꼴을 보고 웃었지만, 창남이는 태평스러웠다. 체조 선생님은 창남이에게 왜 그러고 왔냐고 물어보았다.

[나]

"그저께 저녁에 바람이 몹시 불던 날 저희 동리에 큰불이 나서, 저의 집도 반이나 넘어 탔어요. 그래서 모두 없어졌습니다."

듣기에 하도 딱해서 모두 혀끝을 찼다.

"그렇지만 양복바지는 어저께도 입고 있지 않았나? 불은 그저께 나고……."

"저의 집은 반만이라도 타서 세간을 건졌지만, 이웃집이 십여 채나 다 타 버려서 동네가 야단들이어요. 저는 어머니하고 단 두 식구만 있는데, 반만이라도 남았으니까 먹고 잘 것은 넉넉해요. 그런데 동네 사람들이 먹지도 못하고 자지도 못하게 되어서 야단들이어요. 그래, 저의 어머니께서는 우리는 먹고 잘 수 있으니까 두 식구가 당장에 입고 있는 옷 한 벌씩만 남기고는 모두 길거리에 떨고 있는 동네 사람들에게 나눠 주라고 하셨으므로 어머니 옷, 제 옷을 모두 동네 어른들께 드렸답니다. 그리고 양복바지는 제가 입고 주지 않고 있었는데 저의 집 옆에서 술장사하던 영감님이 병든 노인이신데, 하도 추워하니까 보기에 딱해서 어제저녁에 마저 주고, 저는 가을에 입던 해진 겹바지를 꺼내 입었습니다."

ⓔ 학생들은 죽은 듯이 고요하고, 고개들이 말없이 수그러졌다. 선생님도 고개를 숙였다.

---

* 짚신: 짚을 엮어서 만든 신.

* 태평스러웠다: 아무 걱정이 없고 편안한 듯했다.

* 동리: 주로 시골에서 여러 집에 모여 사는 곳.　🔵 마을

* 세간: 집안 살림에 쓰는 온갖 물건.

* 야단: 아주 시끄럽게 굴거나 수선을 피우는 것.

* 양복바지: 서양식 바지.

* 겹바지: 솜을 넣지 않고 두 겹으로 지은 바지.

"그래, 너는 네가 입은 샤쓰까지도 양말까지도 주었단 말이냐?"

"아니오. 양말과 샤쓰만은 한 벌씩 남겼었는데 저의 어머니가 입었던 옷은 모두 남에게 주어 놓고 추워서 벌벌 떠시므로, 제가 '어머니, 제 샤쓰라도 입으실까요?' 하니까 '네 샤쓰도 모두 남 주었는데, 웬 것이 두 벌씩 남았겠니!' 하시므로, 저는 제가 입고 있는 것 한 벌뿐이면서도 '예, 두 벌 남았으니 하나는 어머니 입으시지요.' 하고 입고 있던 것을 어저께 아침에 벗어 드렸습니다. 그러니까 '네가 먼 길에 학교 가기 추울 텐데 둘을 포개 입을 것을 그랬구나.' 하시면서 받아 입으셨어요. 그리고 하도 발이 시려 하시면서 '이 애야 창남아, 양말도 두 켤레가 있느냐?' 하시기에, 신고 있는 것 한 켤레건마는 '예, 두 켤레입니다. 하나는 어머니 신으시지요.' 하고 거짓말을 하였습니다. 나쁜 일인 줄 알면서도 거짓말을 하였습니다. 오늘도 아침에 나올 때에 '이 애야, 오늘같이 추운 날 샤쓰를 하나만 입어서 춥겠구나. 버선을 신고 가거라.' 하시기에 맨몸 맨발이면서도 '예, 샤쓰도 잘 입고 버선도 잘 신었으니까 춥지는 않습니다.' 하고 속이고 나왔어요. ⓜ 저는 거짓말쟁이가 됐습니다."

하고, 창남이는 고개를 숙였다.

"그러나 네가 거짓말을 하더라도 어머니께서 너의 벌거벗은 가슴과 버선 없이 맨발로 짚신을 신은 것을 보시고 아실 것이 아니냐?"

"아아, 선생님……."

하는 창남이의 소리는 우는 소리같이 떨렸다. 그리고 그의 수그린 얼굴에서 눈물방울이 뚝뚝 그의 짚신 코에 떨어졌다.

"저의 어머니는 제가 여덟 살 되던 해에 눈이 멀으셔서 보지를 못하고 사신답니다."

체조 선생님의 얼굴에도 굵다란 눈물이 흘렀다. 와글와글하던 그 많던 학생들도 자는 것같이 조용하고, 훌쩍훌쩍거리면서 우는 소리만 여기저기서 조용히 들렸다.

* 포개: 다른 것 위에 겹쳐.
* 코: 버선이나 신 따위의 앞 끝이 오똑하게 나온 부분.

1 다음 중 창남이의 성격을 가장 잘 나타낸 것을 찾으세요. |추론|

① 친구들을 잘 놀린다.

② 선생님 말씀을 잘 따르지 않는다.

③ 자신의 집안 형편도 터놓고 얘기한다.

④ 친구들이 자신을 보고 비웃으면 삐친다.

⑤ 도움이 필요한 사람들을 도와주려고 노력한다.

2 이 글의 제목 '만년 샤쓰'는 무엇을 뜻하나요? |표현|

① 안에 입은 속옷.

② 매일 빨아 입는 윗옷.

③ 매일 입고 다니는 바지.

④ 아무것도 입지 않은 맨몸.

⑤ 날마다 입고 다니는 윗옷.

3 다음 글을 참고하여 창남이의 별명이 무엇에서 무엇으로 변했는지 쓰세요. |내용 파악|

(1) 안창남은 1901년에 태어나 1919년에 일본으로 건너갔다. 일본에서는 우수한 성적으로 비행 면허를 따서, 우리나라 최초의 비행기 조종사가 되었다.

(2) [   ]은 '오랜 세월이 흘러도 언제나 변함없는 상태'의 뜻이다.
예) 진현이가 달리기 [   ] 꼴찌인 줄 알았는데 오늘은 성수를 이겼다.

(1) [   ] ➡ (2) [   ] 샤쓰

4 다음 중 창남이에 대한 설명으로 바르지 <u>않은</u> 것을 찾으세요. | 내용 파악 |

① 창남이는 반에서 인기가 제일 좋다.

② 창남이는 못하는 것이 하나도 없다.

③ 창남이네 집안 형편이 무척 어렵다.

④ 창남이는 어머니에게 거짓말을 했다.

⑤ 창남이는 자신보다 더 가여운 사람을 잘 돕는다.

5 ㉤에서, 창남이는 왜 거짓말쟁이가 되었나요? | 내용 파악 |

① 날씨가 따뜻해졌기 때문에.

② 거짓말하는 습관이 있어서.

③ 학교에 지각을 하지 않으려고.

④ 어머니가 따뜻하게 지내게 하려고.

⑤ 어머니의 잔소리를 듣고 싶지 않아서.

6 어머니가 창남이의 거짓말을 믿을 수밖에 없었던 까닭을 찾아 쓰세요. | 내용 파악 |

_____

7 다음 중 창남이의 ㉠ '집안 사정'과 <u>관계없는</u> 것을 찾으세요. | 추론 |

① 철봉을 잘 넘지 못해서 체조 선생님께 흉을 잡혔다.

② 모자나 바지가 해져도 새것을 사지 못해 기워 입었다.

③ 구두가 떨어져서 그걸 고쳐 신고 오느라 지각을 한 적도 있었다.

④ 추운 겨울인데 얇은 바지를 입고 버선도 신지 않은 채 짚신만 신고 왔다.

⑤ 창남이는 아무것도 입지 않은 자신의 상체를 '만년 샤쓰'라고 재미있게 표현했다.

8 ⓛ의 까닭을 ⓒ에 쓰려고 합니다. 가장 알맞은 것을 고르세요. | 추론 |

① 속옷을 입지 않았기

② 어머니 속옷을 빌려 입었기

③ 목욕을 하지 않아 몸이 더러웠기

④ 빨지 않아 더러워진 속옷을 입고 있었기

⑤ 집에 불이 나 구멍이 뚫린 속옷을 입고 있었기

9 학생들과 선생님이 ⓔ처럼 행동한 까닭을 찾으세요. | 추론 |

① 창남이의 말이 너무 웃겨서.

② 창남이의 말이 거짓말 같아서.

③ 창남이의 이야기가 너무 지루해서.

④ 안쓰럽고도 대단하다는 느낌이 들어서.

⑤ 창남이네 마을에 불을 낸 사람에게 화가 나서.

10 '천으로 발 모양과 비슷하게 만들어 발에 신는 물건'을 [가]에서 찾아 쓰세요. | 어휘 |

_____

11 이 글에 나오는 '창남이'와 '창남이 어머니'에 가장 가까운 사람은 누구인가요? | 적용 |

① 가난한 동생을 돌보지 않는 놀부.

② 너무 배가 고파서 빵을 훔쳐 먹은 장발장.

③ 자신의 이익을 위해 남을 부려 먹는 팥쥐 엄마.

④ 돈을 아끼기 위해 반찬을 천장에 매달아 놓고 쳐다만 보는 자린고비.

⑤ 먹을 것이 풍족하지 않지만 자신보다 힘든 동생을 위해 쌀을 가져다준 형.

이 글은 러시아 작가 레프 톨스토이가 쓴 〈사람에게는 얼마나 많은 땅이 필요한가〉다. [가], [다]는 이 글을 요약한 부분이고, [나], [라]는 그 뒷부분으로 원래의 글이다.

[가]

파홈은 시골에서 소박하게 살아가는 농부다. 그는 ㉠ 부잣집 대신 농사를 지어 주고, 거기서 나오는 곡식 중 얼마를 받아서 먹고산다. 그의 소원은 땅을 가져 보는 것이다. 어느 날, 부인과 대화를 나누던 파홈은 땅이 있으면 악마도 두렵지 않다고 말한다. 이 말을 들은 악마는 파홈에게 땅을 주는 대신, 땅으로 파홈을 혼내 주겠다고 다짐한다. 악마의 도움으로 돈을 빌려 파홈은 작은 땅을 산다. 그런데 지주가 된 파홈은 이웃집 소들이 자신의 농작물을 망친다며 고소하여 이웃들과 사이가 나빠진다. 그러던 어느 날, 파홈의 집에 한 농부가 찾아와 볼가강 근처에 값싸고 기름진 땅이 있다고 말해 준다. 파홈은 그곳으로 이사하여 더 많은 땅과 가축들을 소유하고 풍족하게 지낸다. 어느 날, 파홈은 한 상인에게 바슈키르 지방에 가면 얼마든지 많은 땅을 얻을 수 있다는 말을 듣는다. 파홈은 집안일은 아내에게 맡기고, 하인과 함께 바슈키르로 떠난다.

[나]

"어서 오시오. 먼 길에 고생이 많으셨겠군요."

바슈키르의 추장은 파홈을 반갑게 맞아 주었다. 파홈은 미리 준비한 차와 여러 가지 선물을 추장에게 주었다. 그러자 추장은 더욱 기뻐하며 말했다.

"고맙습니다. 저희도 답례로 무엇이든 드릴 테니, 말씀만 하십시오."

그러자 파홈은 기다렸다는 듯이 대답했다.

* 추장: 옛날에 마을 일을 맡아보던 우두머리.

"당신들에게 땅을 좀 사고 싶습니다."

"땅을 갖고 싶거든 원하는 만큼 가지시오. 우리에겐 땅이 많소."

파홈이 추장에게 감사의 인사를 한 뒤에 땅값을 물었다.

"하루에 천 루블이오. 그 돈만 내면 당신이 하루 안에 걸어서 둘러 본 만큼이 모두 당신 땅이 되오."

파홈은 눈이 휘둥그레져서 물었다.

" ⓒ 추장님, 하루 내내 돌아다니면 굉장히 넓은 땅이 될 텐데요?"

추장이 웃으며 대답했다.

"그렇소. 그 넓은 땅이 모두 당신 차지가 되오. 단, 아침에 해가 떠오를 때 길을 떠난 다음, 그날 해가 지기 전까지 처음 출발했던 곳으로 돌아와야 하오. 만약 그때까지도 돌아오지 못하면 땅을 줄 수 없소."

"그러면 제가 어디를 돌아다녔는지 어떻게 표시를 하죠?"

추장은 삽 한 자루를 주며 말했다.

"이 삽으로 땅에 구덩이를 파서 표시해 두시오. 그러면 우리가 나중에 확인한 다음, 표시된 만큼의 땅을 모두 당신에게 드리겠소."

파홈은 다음 날 아침에 당장 땅을 둘러보기로 했다.

[다]

그날 밤, 파홈은 잠을 이룰 수 없었다. 얼마만큼 땅을 차지할지, 그 땅은 어떻게 사용하고 관리할 것인지 상상해 보느라 잠이 들지 않았다. 그러다 새벽녘에 깜빡 졸다가 꿈을 꾸었다. 꿈속에서 추장이 천막 앞에 앉아 배를 움켜쥐고 웃고 있었다. 파홈이 다가가자 추장은 상인으로 바뀌었고, 더 다가서자 파홈을 찾아왔던 농부로, 더 가까이 가자 이마에 뿔이 난 악마로 바뀌었다. 그리고 그 앞에는 한 남자가 죽어서 땅에 누워 있었다. 자세히 보니 그는 파홈 자신이었다. 파홈은 너무 놀라 잠에서 깨어났다. 파홈은 나쁜 꿈을 애써 지우고 하인을 깨워 바슈키르 사람들과 함께 언덕 위로 올라갔다.

* 루블: 러시아의 화폐 단위.

[라]

"자, 여기서 보이는 땅이 모두 우리 것이오. 어디든 마음껏 가지시오."

추장은 땅을 가리키며 말했다. 그러고는 여우 털모자를 땅에 내려놓았다.

"이게 표시라오. 여기서 출발해서 사각형을 그리며 다시 여기로 돌아오시오. 한 바퀴 돌아오면 그 안에 있는 땅은 모두 당신 것이오."

해가 떠오르자 파홈은 어깨에 삽을 둘러메고 초원을 향해 동쪽으로 걸어갔다. 본격적으로 걷기 시작하자 발걸음도 빨라졌다. 파홈은 중간중간 목도 축이고 빵을 먹기도 했다. 하지만 쉬면 잠들어 버릴 것 같아 잠시도 앉지 않았다. 파홈의 몸은 땀에 흠뻑 젖었고 발은 상처투성이가 되었다. 하지만 해가 서쪽으로 기울고 있어 쉴 수도 없었다.

"ⓒ 만약에 제시간에 출발점에 도착하지 못한다면? 아, 이를 어쩐담⋯⋯."

파홈은 정신을 바짝 차리고 있는 힘껏 걸었다. 하지만 출발한 곳은 멀기만 했다. 파홈은 달리기 시작했다. 숨이 차오르고 심장이 터질 것처럼 쿵쾅거렸다.

해는 어느덧 지평선 가까이 내려와 있었다. 파홈은 더 빨리 달렸다. 마침내 파홈은 언덕 아래에 이르렀다. 바로 그때, 해가 막 지고 있었다.

"내가 너무 욕심을 냈어. 해 질 때까지는 도저히 돌아갈 수 없을 것 같아!"

파홈은 턱밑까지 차오르는 숨을 눌러가며 이를 악물고 뛰고 또 뛰었다.

어느새 파홈의 눈에 언덕 위의 사람들이 보였다. 파홈은 힘을 내어 언덕 위를 향해 달렸다. 그리고 마침내 처음 출발했던 곳에 도착한 후에 쓰러졌다.

"잘했소. 당신은 넓은 땅을 갖게 되었소!"

추장이 파홈의 어깨를 두드려 주었다. 하지만 파홈은 그 자리에 쓰러진 채 일어날 수 없었다. 파홈의 입에서는 피가 흐르고 있었고, 숨은 이미 멎어 있었다. 바슈키르 사람들은 몇 번이나 혀를 차면서 안타까워했다.

사람들은 파홈이 들고 있던 삽으로 그 자리에 땅을 팠다. 머리에서 발끝까지 파홈이 딱 들어갈 만큼의 구덩이를 파고는 묻어 주었다. 더 많은 땅을 차지하기 위해 그토록 숨차게 달렸지만 결국 그가 차지한 땅은 자신의 몸을 누일 만큼뿐이었다.

1 이 글의 주제로 가장 알맞은 것은 무엇인가요? |주제|

① 땅은 소중하다.

② 욕심을 부리지 말자.

③ 말을 함부로 하지 말자.

④ 일할 때 서두르지 말자.

⑤ 남의 말을 쉽게 믿지 말자.

2 ㉠과 같은 사람을 부르는 말은 무엇인가요. |어휘|

① 머슴　　　　　② 자작농　　　　　③ 소작농

④ 부농　　　　　⑤ 일꾼

3 '땅의 주인'의 뜻을 지닌 낱말을 [가]에서 찾아 쓰세요. |어휘|

_____

4 ㉡과 ㉢에서 알 수 있는 마음의 변화로 알맞은 것을 고르세요. |추론|

① 기쁜 마음 → 통쾌한 마음　　② 속상한 마음 → 고마운 마음

③ 불안한 마음 → 행복한 마음　　④ 기쁜 마음 → 두려운 마음

⑤ 화난 마음 → 불안한 마음

5 파홈이 결국 갖게 된 땅은 얼마나 되나요? |내용 파악|

_____

6 이 글에서 가장 중요한 사건은 무엇인가요? | 내용 파악 |

① 파홈이 새벽녘에 꿈을 꾼 일.

② 사람들이 파홈을 땅에 묻은 일.

③ 파홈이 이웃들과 사이가 나빠진 일.

④ 파홈의 땅이 점점 늘어나 부자가 된 일.

⑤ 파홈이 땅을 많이 얻으려고 하루 내내 걷다가 죽은 일.

7 이 글의 내용과 다른 것을 고르세요. | 내용 파악 |

① 파홈은 원래부터 큰 부자였다.

② 파홈은 땅이 늘어날수록 더 많은 욕심이 생겼다.

③ 바슈키르 사람들은 파홈의 죽음을 안타까워했다.

④ 파홈은 종일 쉬지 않고 걸었기 때문에 지쳐서 죽었다.

⑤ 악마는 파홈에게 땅을 주는 대신, 땅으로 파홈을 혼내 주었다.

8 파홈의 죽음을 예측할 수 있는 사건이 드러난 부분을 고르세요. | 내용 파악 |

① [가]   ② [나]   ③ [다]   ④ [라]

9 이 이야기를 누구에게 들려주면 가장 좋을까요? | 적용 |

① 걷기 운동을 좋아하는 사람.

② 평생 땅을 일구며 농사를 지은 사람.

③ 시험 보기 전날, 실컷 놀고 게으름 피우는 사람.

④ 다른 친구가 가진 것을 부러워하고 욕심내는 사람.

⑤ 자신이 가진 것에 만족하며 성실하게 사는 사람.

10 이 글의 내용에 어울리는 속담을 고르세요. | 적용 |

① 백지장도 맞들면 낫다

② 쥐구멍에도 볕 들 날 있다

③ 미운 아이 떡 하나 더 준다

④ 돌다리도 두드려 보고 건너라

⑤ 산토끼를 잡으려다 집토끼까지 잃는다

11 이 글과 어울리지 <u>않는</u> 감상을 말한 사람을 고르세요. | 감상 |

① 주영: 돈이나 땅이 아무리 많아도 죽으면 가져갈 수 없어.

② 재정: 욕심을 지나치게 내면 파홈처럼 목숨을 잃을 수도 있어.

③ 다은: 건강했다면 오래 걸었어도 죽지 않았을 거야. 그러니까 평소에 운동을 해야 해.

④ 유진: 행복하게 살려면 땅이나 돈이 필요해. 하지만 그게 행복의 전부는 아니야.

⑤ 찬미: 사람의 욕심은 끝이 없어. 자신이 가진 것에 만족하고 감사할 줄 알아야 해.

12 다음 내용을 이야기의 순서대로 번호를 쓰세요. | 줄거리 |

> ① 상인이 찾아와 바슈키르 사람들과 그들의 땅에 관해 이야기했다.
>
> ② 파홈은 자신이 죽는 꿈을 꾸었다.
>
> ③ 파홈은 땅을 얻으려고 하루 내내 걷다가 쓰러져 죽었다.
>
> ④ 파홈의 말을 듣고 악마가 파홈을 혼내 주기로 했다.
>
> ⑤ 파홈은 볼가강 근처로 이사하여 땅과 가축을 소유하고 풍족하게 지냈다.

완전개정판

초등국어
4단계

독해력은 모든 학습의 기초!

독해력 비타민

정답과 해설

시서례
(주)

1. ④
2. (1) 유두
   (2) 미뢰
   (3) 미뢰, 미각 신경
3. 혀, 물
4. ③

1. ④ 이 글은 '미뢰'에 대해 설명하고 있다.

4. ③ 코로 냄새 맡는 감각을 '후각'이라고 한다.
   '통각'은 아픔을 느끼는 감각을 말한다. 주로 피부의
   자극이나 신체 내부의 자극에 의해 일어난다.
   ⑤ '촉각'은 피부에 닿아서 느껴지는 감각이다. 촉각
   에는 눌리는 감각인 '압각', 아픈 감각인 '통각', 차가
   운 감각인 '냉각', 따뜻한 감각인 '온각' 등이 있다.

1. 함흥차사
2. ②
3. ⑤
4. ①

2. ② 책봉: 세자, 왕후(임금의 아내) 등의 지위에 임명
   하는 일.

1. ⑤
2. 햇빛, 엽록체, 이산화탄소
3. ①
4. ④
5.

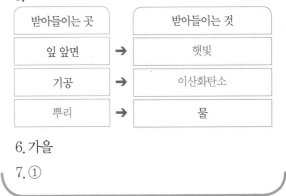

받아들이는 곳		받아들이는 것
잎 앞면	→	햇빛
기공	→	이산화탄소
뿌리	→	물

6. 가을
7. ①

1. ⑤ 이 글은 '단풍'에 대해 설명하고 있다.

7. ② 침엽수: 잎이 바늘처럼 뾰족한 나무.
   ③ 활엽수: 잎이 넓은 나무.
   ④ 가로수: 도로를 따라서 줄지어 심은 나무.
   ⑤ 과수: 먹을 수 있는 열매가 열리는 나무.

4회 밸런타인데이의 유래와 풍습 17~19쪽

1. ③
2. ④
3. ③
4. ④
5. ②
6. 11월 11일
7. ⑤

2. ④ 자작시: 자기가 지은 시.

5. ②번을 제외한 나머지 사람들은 외국에서 들어온 밸런타인데이를 좇지 말고, 우리나라에 맞는 기념일을 만들자고 말하고 있다. 칠석날은 음력 7월 7일을 말한다. 이 날은 전설 속의 견우와 직녀가 오작교(하늘에서, 까치와 까마귀가 자신들의 몸을 이어 만든 다리)에서 만나는 날이다.

7. ① 유관순: 일제 강점기 아우내 장터(충청남도 천안에 있는 장터)에서 만세 운동을 주도한 독립운동가.
② 김구: 일제 강점기에 우리나라의 독립과 통일된 민족국가 건설을 위해 투쟁한 독립운동가.
③ 안창호: 조선 말기와 일제 강점기에 활약했던 독립운동가이자 교육자.
④ 윤봉길: 일제 강점기의 독립운동가. 1932년 중국 상하이에 있는 공원에서 열린 일본군의 기념식장에서, 도시락 폭탄을 던져 일본군 대장을 죽였다. 윤봉길은 현장에서 체포되었고, 사형을 선고받았다.

5회 풍화, 침식, 퇴적 작용 20~22쪽

1. 지형
2. 하류
3. ⑤
4. ①
5. (1) 침식 (2) 퇴적 (3) 퇴적, 침식(침식, 퇴적)

2. 하류: 강이나 냇물의 아래쪽 부분.

4. ① 퇴적 작용.

5. (3) 강물이 휘어져 흐르는 곳에서 강 안쪽은 물의 흐름이 약해 모래가 쌓이고(퇴적), 강 바깥쪽은 물의 흐름이 강해 땅이 깎여(침식) 사행천이 만들어진다.

6회 소비자 권리 23~25쪽

1. 권리
2. 환불
3. 소비자 기본법
4. ⑤
5. ③
6. ⑤
7. ①

6. ⑤ 세탁 표시를 보지 않고 옷을 세탁한 것은 소비자의 부주의로, 소비자 피해가 아니다.

7. ② 품질 인증제: 품질 인증을 신청한 기업에 대해 전문가들이 모여 평가한 후, 그 기업에 등급을 부여하고 인증하는 제도.
③ 원산지 표시제: 상품이 생산된 곳을 표시하는 제도.

④ 유통 기한 표시제: 상품이 안전하게 유통될 수 있는 날짜를 표시하는 제도.

* 유통: 상품이 여러 단계(생산자 → 상인 → 소비자)를 거쳐 우리 손에 들어오는 것.

7회 벌레잡이 식물 26~28쪽

1.
(1) 벌레잡이통풀 (네펜테스)
(2) 끈끈이주걱
(3) 파리지옥

조개처럼 생긴 잎 안쪽에 털이 세 쌍 나 있다.
달콤한 냄새를 내는 주머니를 지니고 있다.
주걱처럼 생긴 잎에 끈끈한 붉은색 털이 있다.

2. 식충 식물

3. ④

4. 부족한 영양분을 보충하기 위해서.

5. ① ×
   ② ×
   ③ ○
   ④ ○
   ⑤ ×

6. ⑤

8회 선거 29~31쪽

1. ⑤

2. ① 직접 선거
   ② 비밀 선거
   ③ 평등 선거
   ④ 보통 선거

3. ①

4. ②

5. 보통 선거

1. ⑤ 유권자: 선거할 권리를 가진 사람.

2. ① 선거권이 있는 사람이 투표해야 한다는 직접 선거에 어긋난다.
   ② 누구에게 투표했는지 물어보는 것은 비밀 선거에 어긋난다.
   ③ 방귀 소리의 크기에 따라 투표권을 주는 것은 평등 선거에 어긋난다.
   ④ 보통 선거의 원칙에 따라 일정한 나이(우리나라는 만 18세 이상)가 되면 투표권을 주어야 한다. 또 재산, 신분, 성별 등에 차별을 두어서는 안 된다.

9회 종이의 역사 32~34쪽

1. 종이
2. ②
3. 종이를 만드는 기술.
4. ④
5. ①
6. ③

2. ② 한지: 닥나무로 만든 우리나라 고유의 종이. 붓 글씨를 쓰거나 문에 바르는 종이로 많이 쓰인다.

6. 고구려, 백제, 신라로 나뉜 것으로 보아 삼국 시대 지도임을 알 수 있다. 삼국 시대는 고구려, 백제, 신라가 한반도를 셋으로 나누어, 세력을 다투던 시대를 말한다. 당시 고구려는 요동 지역과 만주 지역까지 진출하여 영토를 넓혔다.
이 지도는 6세기경 삼국 시대의 모습이다. 한지는 6~7세기경부터 독자적인 방식으로 만들어 사용했다.

10회 열전달 35~37쪽

1. 열전달
2. ⑤
3. 보일러
4. ① ○
  ② ○
  ③ ✕
  ④ ✕
5.

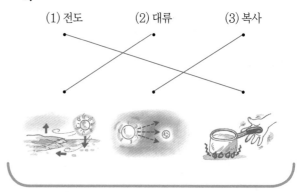

  (1) 전도   (2) 대류   (3) 복사

2. ⑤ 전도, 대류, 복사라는 세 가지 열전달 방법의 개념을 알려 준 뒤, 방안을 따뜻하게 하는 것을 예로 들어 설명하였다.

1. ③
2. 땅속의 마그마가 뿜어져 나와 만들어진 지형.
3. ① ○
   ② ×
   ③ ○
   ④ ○
4. (1) 지각
   (2) 맨틀
5. (1) 마그마
   (2) 용암
6. ④

3. ① 분화구는 땅속의 마그마가 용암이나 화산 가스로 땅 밖에 나온 후, 그 자리에 생긴 구멍이다. 이 분화구의 지름이 3㎞ 이상인 것을 '칼데라'라고 한다. 칼데라에 물이 고여 이루어진 호수를 '칼데라호'라고 한다.
'천지'는 백두산의 칼데라호에 붙여진 이름이다.

5. 땅속 매우 깊은 곳은 암석을 녹일 정도로 무척 뜨겁다. 이렇게 암석이 녹아 액체 상태로 변한 것을 '마그마'라고 한다. 화산이 폭발하여 땅 밖으로 나온 마그마를 '용암'이라고 한다.

정답과 해설

1. ① ○
   ② ×
   ③ ×
   ④ ○
   ⑤ ○
2. (1) 나인
   (2) 상궁
3. ②
4.

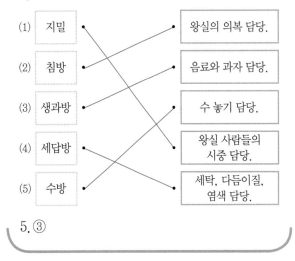

(1) 지밀	왕실의 의복 담당.
(2) 침방	음료와 과자 담당.
(3) 생과방	수 놓기 담당.
(4) 세답방	왕실 사람들의 시중 담당.
(5) 수방	세탁, 다듬이질, 염색 담당.

5. ③

5. ① 후궁: 임금의 첩(정식 아내 외에 데리고 사는 여자).
   ⑤ 잡부: 잡일을 하는 일꾼.

13회 님비·핌피 현상   44~46쪽

1. ④
2. 혐오 시설이나 위험 시설이 내가 사는 지역에 세워지는 것은 안 된다는 행동. 또는 자기 지역의 이익만 생각하고 다른 지역은 돌아보지 않는 태도.
3. ⑤
4. 핌피 현상
5. ①

4. 자신이 사는 지역에 이익이 될 만한 시설을 들여오려는 '핌피 현상'이다.

5. ① 영어 단어의 각 첫 글자를 따서 만든 말이다. '바나나(BANANA) 현상'이라고 한다.

14회 지방 자치   47~49쪽

1. ②
2. ⑤
3. 지방 자치
4. ④
5.

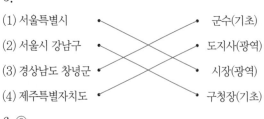

(1) 서울특별시 — 시장(광역)
(2) 서울시 강남구 — 구청장(기초)
(3) 경상남도 창녕군 — 군수(기초)
(4) 제주특별자치도 — 도지사(광역)

6. ③

지방 자치 단체는 행정 구역상의 넓이를 기준으로 '광역 자치 단체'와 '기초 자치 단체'로 나눈다. 넓은 곳은 광역 자치 단체, 좁은 곳은 기초 자치 단체다.

광역 자치 단체는 광역시, 서울특별시, 세종특별자치시와 8개의 도, 제주특별자치도가 있다.

기초 자치 단체에 속하는 '구'는 특별시와 광역시에 속한 구를 말한다. 예를 들어 서울특별시 종로구는 기초 자치 단체이지만, 성남시 분당구는 기초 자치 단체가 아니다.

15회 문단   50~52쪽

1. 의식주
2. ②
3. 두 번째 문단: 봄에는
   세 번째 문단: 우리나라의
   네 번째 문단: 가을은
   다섯 번째 문단: 겨울에는

4.
> 한글박물관 1층에는 한글도서관이 있었다. 한글 관련 문화·예술 자료와 어린이를 위한 한글 교육 관련 자료 등 다양한 책이 있었다. 2층에는 한글의 역사 자료가 전시되어 있었다. 한글이 없던 때의 문자부터 한글의 발전 과정까지 알 수 있었다. 3층에는 한글을 지켜온 사람들에 대한 자료가 있었다. 그 사람들이 얼마나 힘겹게 한글을 지켜 왔는지 알게 되었다.

5.
> 글을 쓸 때는 반드시 읽을 사람을 생각해야 한다. 독자는 나이가 어린데 너무 전문 용어를 많이 사용한다면 이해하지 못할 수 있다. 반대로, 나이 많은 독자에게 너무 쉬운 내용을 전달한다면 독자가 그 글을 아예 읽지 않을 수 있다.

> 우리나라의 동쪽에는 해가 떠오르는 동해가 있다. 서쪽의 서해는 갯벌이 아름답다. 우리나라 남쪽에서 태평양을 향해 있는 바다는 넓고 깊은 남해다. 하지만 북쪽으로는 중국과 러시아가 이어져 있다. 이렇게 우리나라는 세 면이 바다에 둘러싸여 있다.

1. 황사, 미세먼지
2. ④
3. 편서풍
4. ①
5. ③
6. ④
7. ①
8. ③
9. 사막, 모래, 배기가스,
　마스크, 손발

4. ① 미세먼지는 인위적인 오염 물질이므로 우리의
노력으로 줄여나갈 수 있다. 자가용 대신 대중교통
이용하기, 야외에서 쓰레기 태우지 않기, 가정에서
에너지 사용 줄이기, 생활 주변에 식물 심기 등을
통해 미세먼지를 줄일 수 있다.

8. ②, ⑤ 땅이 사막화가 되면 농작물을 비롯한 식물이
자라지 못한다. 그러면 사람뿐 아니라 동물도 살지
못한다.
③ 중국과 몽골이 사막화되면 우리나라도 영향을 받
는다. 중국과 몽골의 사막 지대에서 발생한 모래 먼
지가 편서풍을 타고 우리나라로 이동하기 때문이다.

1. ④
2. ④
3. 번데기
4. ⑤
5. ⑥ → ① → ⑤
6. ① 배, ② 더듬이
7. ① ×
　② ×
　③ ○
　④ ○
　⑤ ○
8. 심부름꾼, 기억력
9. ⑤

1. ④ 전투태세: 바로 전투에 들어설 수 있도록 준비
하고 있는 상태.

2. ④ 이게 웬 떡이냐: 예상치 못한 좋은 일이 생겼을
때 하는 말.
① 그림의 떡: 아무리 마음에 들어도 이용할 수 없
거나 차지할 수 없다는 뜻.
② 엎친 데 덮친다: 어렵거나 나쁜 일이 겹쳐 일어
난다는 뜻.
③ 바람 앞의 등불: 매우 위태로운 처지에 놓여 있
다는 뜻.
⑤ 마른하늘에 날벼락: 뜻밖에 당하는 불행한 일이
라는 뜻.

3. 번데기: 애벌레가 어른벌레가 되기 전에, 한동안 아
무것도 먹지 않고 고치(자기 몸에서 실을 뽑아내어
만든 집)나 단단한 껍데기 속에 들어 있는 몸.
이처럼 번데기 과정을 거쳐 어른벌레가 되는 것을
'완전 변태'라고 한다. 번데기 과정을 거치지 않고,
'알 → 애벌레 → 어른벌레'가 되는 것을 '불완전 변
태'라고 한다. 매미, 잠자리, 메뚜기 등이 있다.

18회 도서관을 지어 주세요   64~66쪽

1. 어린이 도서관을 세워 주세요.
2. (1) 구립 도서관은 집에서 너무 멀다.
   (3) 동네에 학교가 많다.
3. 구청장
4. ④
5. 올림
6. ③
7. ②
8. ④

6. ③ 연체: 약속한 기한이 지나도 빌린 물건을 돌려주지 않는 것.

19회 인구의 도시 집중   67~69쪽

1. ⑤
2. ④
3. ④
4. 도시, 촌락
   균형, 자원, 교류
5. ①

2. ④ 개량: 나쁜 점을 보완하여 더 좋게 고침.

20회 독서를 열심히 하자   70~73쪽

1. 독서
2. 사고력
3. ③
4.

주장	독서를 하자
이유	1. 독서를 하면 지식을 쌓을 수 있다.
	2. 독서를 하면 사고력을 기를 수 있다.
	3. 독서를 통해 교훈을 얻을 수 있다.
실천 방법	1. 자기 수준에 맞는 책을 선택하여 읽는다.
	2. 책을 꾸준히 읽는다.
	3. 책을 골고루 읽는다.

5. ①
6. ⑤
7. (1) 통독
   (2) 속독
   (3) 다독
   (4) 정독

5. 이토 히로부미는 우리나라를 일본의 식민지로 만드는 데 주도적인 역할을 한 사람이다. 1909년, 안중근은 중국 하얼빈 역에서 조선 총독부(1910년부터 1945년까지 조선을 지배했던 식민 통치 기구)의 총독(조선 총독부의 우두머리) 이토 히로부미를 총으로 쏘아 죽였다.

6. ⑤ 자기 수준에 맞는 책을 스스로 선택하여 읽는다. 관심과 흥미가 있는 쉬운 책부터 골라 읽기 시작하여 점차 깊이 있는 독서로 발전시킨다. 이런 과정을 통해 스스로 책을 읽는 힘을 기를 수 있고, 책을 선택하는 안목도 키우게 된다.

1. ②

2. ⑤

3. ⑤

4. ②

5. ①

6.

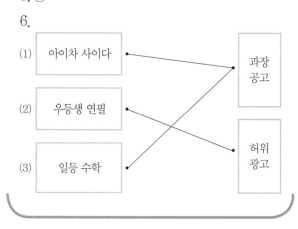

(1)	아이차 사이다	과장 공고
(2)	우등생 연필	
(3)	일등 수학	허위 공고

4. ② 상품 광고: 상품 판매를 목적으로 만든 광고.
① 기업 이미지 광고: 긍정적이고 바람직한 기업 이미지를 소비자에게 심어 주려는 광고.
③ 공익 공고: 공공(사회)의 이익을 목적으로 하는 광고.
④ 정치 광고: 선거 후보자나 정당이 유권자의 지지를 얻기 위한 목적으로 하는 광고.
⑤ 안내 광고: 신문, 잡지 등에 글이나 사진 등을 실어서 알리는 광고. 회사에서 사람을 구하거나, 집을 사고파는 내용 등이 있다.

6.(1) 한 모금만 마셔도 온몸이 시원해진다는 것은, 제품의 특징을 부풀린 과장 광고다.
(2) 연필이 문제의 정답을 알아서 맞힐 수는 없으므로 허위 광고다.
(3) 일등 수학 문제집을 풀고 백점을 맞을 수도 있고, 아닐 수도 있다. 이것만 풀면 백점을 맞는다는 것은 과장 광고다.

1. ④

2. 마음속 깊이 숨어 있는 모든 비밀을 다 털어놓고 싶어서.

3. ③

4. ③

5. ②

6. ⑤

7. 네덜란드

8. ④

9. ④

10. ②

3. ③ 저항: 어떤 힘에 대하여 굽히지 않고 맞서는 것.

4. ③ 글쓴이는 유대인으로 독일군을 피해 가족과 함께 숨어 지내고 있다. 그런 상황에서 독일인이 유대인을 잔인하게 학살하는 방송을 듣고 두려움, 우울함, 슬픔, 괴로움, 분노 등의 감정을 느꼈을 것이다.

8. ① 종교 전쟁: 유럽에서 종교 문제와 관련되어 일어났던 전쟁.
② 걸프 전쟁: 1990년 8월 2일, 이라크가 쿠웨이트를 침공하면서 시작된 전쟁. 이라크는 '쿠웨이트는 과거 이라크의 영토였다'라며 침략했다. 두 나라의 전쟁이 일어나자 미국, 영국, 프랑스 등 30여 개 나라가 다국적 군대를 결성해 쿠웨이트를 지원했다. 이 전쟁은 1991년 2월 다국적군의 승리로 끝났다.
③ 제1차 세계 대전: 1914년부터 4년간, 유럽 제국주의 국가들 사이에 일어난 세계 전쟁. 연합국(영국, 프랑스, 러시아 등)과 동맹국(독일, 오스트리아 등) 사이에서 벌어진 이 전쟁에서 연합국이 승리를 거뒀다.

10. ② 인종 차별주의: 유전적으로 더 나은 사람(인종)과 못한 사람(인종)이 있다고 생각하여 차별하는

것을 정당화하는 태도.

① 민족주의: 안으로는 민족의 마음을 하나로 모으고, 밖으로는 다른 나라의 지배에서 벗어나 자유와 독립을 추구하는 태도.

③ 개인주의: 국가나 사회보다 개인에게 더 큰 가치를 두고, 개인의 권리와 자유를 존중하는 태도.

④ 이타주의: 남의 행복을 위해 자신의 희생을 무릅쓰는 태도.

⑤ 식민주의: 다른 나라를 침략하여 식민지로 만들어, 자기 나라의 이익을 추구하려는 태도.

10.① 피카소: 입체파(사물을 여러 시점과 입체적으로 표현한 미술)를 대표하는 천재 화가.

② 하이든: 오스트리아의 음악가. 대표곡으로〈천지창조〉, 〈사계〉, 〈놀람 교향곡〉 등이 있다.

④ 슈바이처: 독일의 의사. 1913년 아프리카로 건너가 원주민의 의료와 전도에 힘썼다. 1952년 노벨 평화상을 받았다.

⑤ 모차르트: 오스트리아의 음악가. 어려서부터 음악적 재능이 뛰어났던 천재 음악가. 대표곡으로 〈피가로의 결혼〉, 〈마술 피리〉 등이 있다.

23회 베토벤 84~89쪽

1. 베토벤
2. ②
3. ③
4. ⑤
5. 연주회, 네페, 하이든, 귀(소리), 합창
6. ①
7. ⑤
8. ④
9.

(1) 〈운명 교향곡〉 • — • 달빛을 보며 만든 곡.

(2) 〈월광 소나타〉 • — • 자연의 모습을 담은 곡.

(3) 〈전원 교향곡〉 • — • 고난을 극복하는 인간의 의지와 기쁨을 나타낸 곡.

10. ③

2. ② 궁정: 임금이 생활하면서 나랏일을 보는 큰 집. 📛 궁궐

4. ⑤ 베토벤은 소리를 들을 수 없었다. 그래서 연주가 끝난 후 청중들이 박수를 보낼 때도 단원들을 향해 서 있었다.

24회 장기려 90~95쪽

1. 의사, 장기려
2. (1) 백인제
   (2) 복음병원
   (3) 의료보험조합
3. ①
4. 적자
5. ③
6. ④
7. ⑤
8. 가난하고 불쌍한 환자들의 의사가 되겠다.
9. ④
10. ①
11. ③

3. ① 수석: 시험에서 가장 좋은 성적을 얻은 사람.

6. ① 노벨상: 스웨덴의 화학자 노벨의 유언에 따라 인류 복지에 공헌한 사람이나 단체에 주는 상.

② 다윈상: 인간의 어리석음을 알리기 위해 만든 상. 어처구니 없는 죽음을 당한 사람이나 생식 능력을 잃은 사람에게 준다.

③ 아카데미상: 미국 영화업자와 사회법인 영화예술 아카데미협회가 영화인에게 주는 상.

⑤ 퓰리쳐상: 미국의 언론인 퓰리처의 유산으로 만든 언론·문학상.

7. ⑤ 돈을 내지 못하고 나간 환자들이 장기려의 배려에 감동하여 퇴원 후에 병원비를 갚거나 병원 일을 도운 것으로 보아 이처럼 짐작할 수 있다.

11. ① 맥아더: 미국의 군인. 제1차, 제2차 세계 대전, 한국 전쟁 등에서 활약했다.

② 처칠: 영국의 정치가. 제2차 세계 대전 중에 위대한 국가 지도자로 활약했다.

④ 간디: 인도의 정치인. 제1차 세계 대전 이후 인도의 독립을 위해 영국에 대한 비협력 운동(납세 거부, 취업 거부, 상품 불매 등) 등을 통해, 비폭력 저항 운동을 했다.

⑤ 베토벤: 독일의 작곡가.

25회 베개 애기 96~97쪽

1. ②
2. 4연 8행
3. 아기
4. ③
5. ⑤
6. ②

2. 시의 한 줄을 '행'이라고 하고, 하나 이상의 '행'이 모여 '연'이 된다. 이 시는 4연 8행으로 되어 있다. 시를 쓸 때, '연'과 '연' 사이는 한 줄을 비운다.

5. '말하는 이'는 시 속에서 이야기하는 사람이다. 시인 자신일 수도 있고, 시에 등장하는 사람일 수도 있다.

26회 허재비 98~99쪽

1. 허재비
2. ②
3. ⑤
4. ①
5. ③

3. 이 시의 1행은 '누른 논에 허재비'로 7글자이고, 2행은 '우습구나야'로 5글자다. 이 시는 홀수 행은 7글자, 짝수 행은 5글자로 글자 수를 반복하여 사용했다. 이 시에서는 흉내 내는 말이 사용되지 않았다.

4. ① 누른: 황금빛처럼 누런.

27회 고깃배 100~101쪽

1. ③
2. ①
3. ④
4. ⑤
5. ④

2. ① '고기, 고깃배, 바다, 뱃사람' 등의 낱말에서 아버지의 직업이 어부임을 짐작할 수 있다.

5. ④ '아버지 고깃배가 가득 찼겠네', '잡은 고기 가득 싣고 돌아오겠네'라고 한 것으로 보아, 아버지가 고기를 많이 잡아 오면 좋겠다는 바람을 엿볼 수 있다.

28회 반딧불 102~103쪽

1. ④
2. 달조각
3. ②
4. ①
5. ③

3. ② '지우개'와 '청소부'는 '깨끗하게 해 준다'라는 공통점이 있다. '지우개'를 '청소부'에 비유한 은유법이 쓰였다.
① '둥근 해'를 접시에 비유한 직유법이 쓰였다. 두 사물의 공통점을 '~같은, ~처럼' 등으로 나타내어 직접 비유한 것을 '직유법'이라고 한다. 여기서는 '둥글다'라는 공통점으로 '둥근 해'를 '접시'에 비유했다.
③, ④ 사람이 아닌 '시냇물'과 '나뭇가지'를 사람처럼 나타낸 의인법이 쓰였다.
⑤ '구름'을 '솜사탕'에 비유한 직유법이 쓰였다.

4. 같은 시어를 반복하면 노래하는 듯한 느낌(운율)이 든다. 이 시에서는 '가자'라는 낱말이 1연과 3연에서 여러 번 반복되었다. 또 첫 연과 끝 연을 반복하여 운율을 만들었고, 시의 주제를 강조했다.
'그믐밤 반딧불은 부서진 달조각'에서 알 수 있듯이 시간적 배경은 '밤'이다.

5. ① 초승달: 음력 3일경에 뜨는, 오른쪽이 볼록하게 둥근 눈썹 모양의 달.
② 보름달: 음력 보름날(15일) 밤에 뜨는 둥근 달.
③ 그믐달: 음력 27일경에 뜨는, 왼쪽이 볼록하게 둥근 눈썹 모양의 달.

29회 눈 뜨는 가을 104~105쪽

1. ②
2. ⑤
3. ②
4. ③

4. ①, ④는 가을이 온 것을 사람처럼 '눈을 뜬다'라고 표현하여 의인법이 쓰였다.
②도 나뭇잎이 떨어지는 모습을 사람이 죽은 것처럼 '장례'라고 표현하여 의인법을 사용했다.

30회 도둑을 뉘우치게 한 선비 106~110쪽

1. ②
2. ③
3. ⑤
4. ④
5. ①
6. ②
7. ③
8. 오(5)일장
9. ③

1. ② 흥정: 물건을 사는 사람과 파는 사람이 의논하여 값을 정하는 일.

2. ③ 선비는 젊은이를 도둑이라고 생각하지 않았다. 또 잘못을 뉘우친 그를 용서하고 다독여 주었다. 이런 점으로 보아 선비는 남을 긍정적으로 대하고 믿어 주는 너그러운 사람이라고 짐작할 수 있다.

3. ⑤ 누이 좋고 매부 좋다: 어떤 일이 서로에게 모두 이롭고 좋다는 말.

① 병 주고 약 준다: 해를 입힌 뒤에 달래거나 감싸 주는 것을 비유적으로 이르는 말.

② 찬물도 위아래가 있다: 찬물을 먹는 데에도 순서가 있다는 뜻으로, 윗사람을 공경해야 함을 비유적으로 이르는 말.

③ 미운 놈 떡 하나 더 준다: 미울수록 더 정답게 대해야 미운 마음이 없어진다는 말.

④ 믿는 도끼에 발등 찍힌다: 믿었던 사람이 배신하여 해를 입게 된 경우를 비유적으로 이르는 말.

5. ① '손을 잡고'는 '서로 힘을 합해 함께 일하고'라는 뜻이다.

9. ③ '젊은이'는 선비의 물건을 훔치는 나쁜 짓을 저질렀지만, 잘못을 뉘우치고 착한 사람이 되었다.

31회　크리스마스 캐럴　111~115쪽

1. 스크루지
2. ②
3. ③
4. ④
5. ⑤
6. ③
7. 돈만 소중하게 생각하며 남을 돕고 살지 않은 점.
8. ④
9. ①

3. ③ [가]에 '스크루지는 부지런하지만'이라고 나타나 있다.

4. ④ 수전노: 돈을 지키는 노예라는 뜻으로, 돈을 모으기만 하고 쓸 줄 모르는 사람을 낮잡아 이르는 말.
⑤ 졸부: 갑자기 부자가 된 사람.

32회　황소와 도깨비　116~120쪽

1. ④
2. ⑤
3. ③
4.

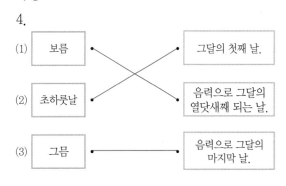

5. ②
6. ⑤
7. ①

3. ③ 이 글은 '어려움에 처한 생명체에게는 도움을 줘야 한다'라는 교훈을 담고 있다.

5. ① 무남독녀: 아들이 없는 집안의 외동딸.
③ 남존여비: 남자는 높고 여자는 낮다는 말.
④ 다다익선: 많으면 많을수록 좋다는 말.
⑤ 고진감래: 고생 끝에 즐거움이 온다는 말.

1. ①
2. 송장
3. ②
4. ① ○
   ② ×
   ③ ○
   ④ ○
   ⑤ ×
5. 꾀꼬리
6. ⑤
7. 꾀꼬리 → 매미 → 개미
8. ⑤
9. ④
10. ②

1. ① 교묘한: 뛰어나고 놀라운.

2. 송장: 죽은 사람의 몸.

4. ② 개미가 느티나무 발부리에 집을 짓고 발을 간질여도 내버려 둔 것으로 보아, 개미를 싫어하지는 않았음을 알 수 있다.

10. ② 느티나무는 마을 사람들을 얄밉게 생각하고 있다.

1. ②
2. 하루에 한 마리씩 암탉이 없어졌다.
3. ②
4. ①
5. ⑤
6. 빅스가 새끼를 구하려고 쇠사슬을 이빨로 씹어서.
7. ⑤
8. ②
9. ①
10. ④
11. ③

8. ② 허탕: 바라던 일이 아무 쓸데 없게 된 일.

9. ② 부성애: 아버지가 자식에게 보이는 사랑.
   ③ 동포애: 같은 겨레끼리 나누는 사랑.
   ④ 형제애: 형제 사이의 사랑.
   ⑤ 인간애: 사람에 대한 사랑.

10. ④ '나'는 암탉들보다 여우들을 더 소중히 생각했다. 그래서 삼촌에게 여우들이 숨어 있는 굴을 알려 주지 않았다. 이러한 점으로 보아 삼촌이 죽은 스카페이스를 들고 왔을 때, '나'는 새끼 여우들을 걱정했을 것으로 짐작할 수 있다.

35회 아기 장수 우투리 132~136쪽

1. ②
2. ④
3. 왼쪽 겨드랑이
4. ④
5. ④, ⑤
6. ④ → ① → ⑤ → ③ → ②
7. ①

이 이야기는 우리나라의 전설(설화) 〈아기 장수 우투리〉다. 전설은 입에서 입으로 전해져 온 옛이야기로 지은이는 알 수 없다.

1. ② 이: 몸의 길이가 0.5~6㎜고, 사람이나 가축의 몸에 붙어 피를 빨아먹는 곤충. 날개는 없으며 발끝에는 뾰족한 발톱이 있다.

7. ① 욕심 많은 임금과 관리들 때문에 힘겹게 살아가던 백성들을 위해, 우투리는 새로운 세상을 열어 그들을 비참한 삶에서 벗어나게 하려고 했다.

36회 행복한 왕자 137~142쪽

1. ⑤
2. 루비
3. ㉠ 이집트(남쪽 나라) ㉡ 행복한 왕자
   ㉢ (행복한 왕자의) 눈물
4. 사파이어
5. ① × ② ○ ③ × ④ ○
6. ②
7. ④
8. 갈대 → 행복한 왕자
9. ②
10. ⑤
11. ①

37회 파랑새 143~148쪽

1. ①
2. ③
3. ①
4. ④
5.
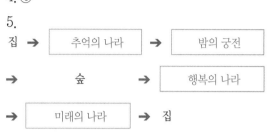

집 →	추억의 나라	→	밤의 궁전
→	숲	→	행복의 나라
→	미래의 나라	→	집

6. ⑤
7. ⑤
8. 불행의 동굴
9. ②
10. ④

2. ③ 이 이야기에서 남매가 찾는 파랑새는 '행복'을 상징한다. 남매가 찾아 헤매던 파랑새는 집 안에 있었다. 이것은 행복은 멀리 있는 게 아니라 우리 주위에 있다는 것을 의미한다.

6. ⑤ 마음의 눈이 바뀐 사람을 찾는 문제다. 현빈이는 자신의 단점보다 장점을 보면서 자신을 사랑한다. 같은 상황이라도 어떻게 바라보느냐에 따라 행복과 불행으로 나뉠 수 있다.

7. ⑤ 행복은 늘 우리 곁에 있지만, 그 사실을 알지 못하는 이유를 찾는 문제다. 이 글은 욕심, 불만족, 비교, 경쟁 등이 자신의 삶을 불행하게 만든다는 교훈을 담고 있다.

9. ② 부자 요정과 사치 요정은 아무 일도 하지 않고 놀기만 하고 있다. 이와 관련 있는 사자성어는 '무위도식'이다.

38회 만년 샤쓰   149~154쪽

1. ⑤
2. ④
3. (1) 비행사 (2) 만년
4. ②
5. ④
6. 창남이가 여덟 살 되던 해에 눈이 멀어서.
7. ①
8. ①
9. ④
10. 버선
11. ⑤

39회 사람에게는 얼마나 많은 땅이 필요한가   155~160쪽

1. ②
2. ③
3. 지주
4. ④
5. 머리에서 발끝까지 파홈이 땅에 묻힐 만큼. 또는 자신의 몸을 누일 만큼.
6. ⑤
7. ①
8. ③
9. ④
10. ⑤
11. ③
12. ④ → ⑤ → ① → ② → ③

2. ③ 소작농: 사용료를 내고 남의 땅을 빌려 농사짓는 사람.

① 머슴: 농가에서 먹고 자면서 돈을 받고 농사일과 잡일을 하던 남자.
② 자작농: 자기 땅에 자기가 직접 농사짓는 사람.
④ 부농: 농사 지을 땅을 많이 가지고 있어 생활이 아주 넉넉한 농민.
⑤ 일꾼: 품삯을 받고 남의 일을 하는 사람.

4. ⓒ에서 파홈은 넓은 땅을 가질 수 있다는 생각에 기쁜 마음이 들었을 것이다. 그러나 ⓒ에서는 제시간에 도착하지 못하면 땅을 가질 수 없다는 생각에 불안하고 두려운 마음이 들었을 것이다.

8. ③ [다]에서, 파홈은 꿈속에서 자신이 죽어 땅에 누워 있는 모습을 보게 된다.

9. ④ 파홈은 자신이 가진 것에 만족하지 않고 더 많은 땅을 갖기 위해 욕심을 부리다 목숨을 잃었다. 따라서 이 이야기는 남을 부러워하고 욕심내는 사람에게 들려주면 도움이 될 수 있다.

10. ⑤ 산토끼를 잡으려다 집토끼까지 잃는다: 지나친 욕심을 내면 도리어 손해를 보게 된다는 뜻.
① 백지장도 맞들면 낫다: 아무리 쉬운 일이라도 서로 힘을 합하면 훨씬 쉽다는 뜻.
② 쥐구멍에도 볕 들 날 있다: 지금 당장은 힘들어도 언젠가는 좋은 날이 있을 것이라는 뜻.
③ 윗물이 맑아야 아랫물이 맑다: 윗사람이 먼저 바르게 행동해야 아랫사람도 본받아 잘한다는 뜻.
④ 돌다리도 두드려 보고 건너라: 잘 아는 일이라도 다시 한번 확인하고 조심하라는 뜻.

독해력 비타민